CUIDANDO DA FAMÍLIA EM CRISE

COLEÇÃO PSICOLOGIA E PEDAGOGIA — NOVA SÉRIE

Obras publicadas:

Bowlby, J. — Apego e Perda, Vol. I — Apego
Bowlby, J. — Apego e Perda, Vol. II — Separação
Bowlby, J. — Apego e Perda, Vol. III — Perda
Bowlby, J. — Cuidados Maternos e Saúde Mental
Bowlby, J. — Formação e Rompimento dos Laços Afetivos
Mannoni, M. — A Criança Retardada e a Mãe
Dolto, F. — Sexualidade Feminina
Blos, P. — Adolescência
Freinet, C. — Pedagogia do Bom Senso
Redl, F. e **Wineman, D.** — A Criança Agressiva
Redl, F. e **Wineman, D.** — O Tratamento da Criança Agressiva
Bohoslavsky, R. — Orientação Vocacional
Benjamin, A. — Entrevista de Ajuda
Gesell, A. — A Criança dos 0 aos 5 Anos
Piaget, J. — A Linguagem e o Pensamento da Criança
Pichon-Rivière, E. — Teoria do Vínculo
Pichon-Rivière, E. — O Processo Grupal
Braier, E. — Psicoterapia Breve de Orientação Psicanalítica
Rogers, C. — Grupos de Encontro
Rogers, C. — Psicoterapia e Consulta Psicológica
Rogers, C. — Sobre o Poder Pessoal
Rogers, C. — Tornar-se Pessoa
Winnicott, D. W. — Privação e Delinqüência
Bettelheim, B. — A Fortaleza Vazia
Bleger, J. — Temas de Psicologia
Spitz, R. A. — O Primeiro Ano de Vida
Ocampo, M. L. S. de e col. — O Processo Psicodiagnóstico e as Técnicas Projetivas
Goldstein, J., Freud, A. e **Solnit, A. J.** — No Interesse da Criança?
Gesell, A. — A Criança dos 5 aos 10 Anos
Gusdorf, G. — Professores Para Quê?
Vygotsky, L. S. — Pensamento e Linguagem
Vygotsky, L. S. — A Formação Social da Mente
Fonseca, V. da — Psicomotricidade
Winnicott, D. W. — Os Bebês e Suas Mães
Ortigues, E. e **Ortigues, M.-C.** — Como se Decide uma Psicoterapia de Criança
Winnicott, D. W. — Tudo Começa em Casa
Richter, H. E. — A Família como Paciente
Brazelton, T. B. — Ouvindo uma Criança
Winnicott, D. W. — O Gesto Espontâneo
Winnicott, D. W. — Holding e Interpretação
Pichon-Rivière, E. — Psiquiatria, uma nova Problemática
Brazelton, T. B. — Cuidando da Família em Crise

Próximas publicações:

Brazelton, T. B. — O que todo Bebê Sabe
Rogers, C. — Terapia Centrada no Cliente

Psicologia e Pedagogia

CUIDANDO DA FAMÍLIA EM CRISE

T. BERRY BRAZELTON

TRADUÇÃO
LUÍS CARLOS BORGES

Martins Fontes

Título original:
FAMILIES: CRISIS AND CARING

1ª edição brasileira: maio de 1991

Tradução: Luís Carlos Borges
Revisão da tradução: Wilson Roberto Vaccari
Revisão tipográfica:
Rinaldo Milesi
Flora Maria de Campos Fernandes

Produção gráfica: Geraldo Alves
Composição:
Ademilde L. da Silva
Antonio José da Cruz Pereira

Capa: Alexandre Martins Fontes

LIVRARIA MARTINS FONTES EDITORA LTDA.
Rua Conselheiro Ramalho, 330/340 — Tel.: 239-3677
01325 — São Paulo — SP — Brasil

PARA ELLEN

Tudo o que não corrobora especificamente a idéia de que os pais são pessoas responsáveis é prejudicial a longo prazo para a essência da sociedade... É da família sadia que se origina o futuro.

D. W. Winnicott,
The child, the Family, and the Outside World

Os editores desejam expressar seu agradecimento à enfermeira Nancy Poland por fornecer importantíssimo material de apoio para a preparação do manuscrito e por ajudar a coordenar a comunicação contínua com as famílias cujas vidas são retratadas neste livro.

Somos gratos também a Peggy Lamont e a seus colegas da Tomorrow Entertainment, não apenas por darem início a *What Every Baby Knows* (O que todo bebê sabe), a maravilhosa série de televisão a cabo que inspirou este livro — além de um outro, anterior, com o mesmo nome do programa — mas também por colocar à nossa disposição videoteipes, transcrições e outros materiais.

Finalmente, queremos agradecer a Joelle Delbourgo, vice-presidente e redatora-chefe da Ballantine Books, que teve a visão para trazer as histórias verdadeiras da série de televisão ao público leitor.

SUMÁRIO

Introdução XIII

CAPÍTULO I

A família Cutler 1

História da família 1
O pai dedicado 7
Rivalidade entre o pai e a mãe 23
Ser avô 35
A família Cutler revisitada 53

CAPÍTULO II

A família Cooper 65

História da família 65
A perda do pai ou da mãe 67
Ser pai sozinho 81
A família Cooper revisitada 101

CAPÍTULO III

A família Humphreys 109

História da família 109
Famílias adotivas 113
A família Humphreys revisitada 131

CAPÍTULO IV
A família McClay 141

História da família 141
Doença na família 147
A família McClay revisitada 179

CAPÍTULO V
A família O'Connell-Beder 197

História da família 197
Esterilidade 199
Adoção 213
Como será meu filho? 227
A família O'Connell-Beder revisitada 243

CAPÍTULO VI
Quando procurar ajuda 257

Bibliografia 265

Introdução

Este livro trata de famílias de verdade e de como elas lidaram com grandes desafios e crises. Para todos os pais, ter e criar uma família significa fazer um ajuste atrás do outro. As maneiras como famílias fortes e sadias administram esses ajustes, sejam eles grandes — adoção, doença grave, divórcio — como os descritos neste livro, sejam pequenos e previsíveis — o nascimento dos dentes, o primeiro passo, uma babá nova — seguem certos padrões. Esses padrões universais — de confusão, regressão, reorganização e crescimento — podem ser observados nas famílias que corajosa e generosamente compartilharam suas experiências comigo e com o leitor. Nas suas histórias podemos perceber que os pontos altos da condição de ser pai nascem da vitória sobre os pontos baixos, e que, sem o processo de tentativa e erro, essas famílias não seriam tão fortes hoje.

Todos os pais preocupam-se em não cometer erros. Contudo, os erros tanto são inevitáveis quanto permitem que os pais aprendam sua tarefa através deles. Uma das razões pelas quais pais que trabalham têm dificuldade em adaptar-se à tarefa de criar um filho consiste em que a cultura do local de trabalho é muitas vezes perfeccionista e oferece recompensas seguras. Na criação de uma família, por outro lado, as recompensas raramente são seguras, embora proporcionem muito mais alegria, justamente por serem imprevisíveis. O perfeccionismo e a busca sistemática do sucesso não têm lugar algum na criação de filhos.

As famílias retratadas neste livro tiveram de enfrentar tipos especiais e sérios de tensão. Não são todas as famílias que passam por esses problemas, mas todas já os temeram ou imaginaram. A oportunidade que temos de nos identificar com essas mães e pais de verdade, à medida que superam suas dificuldades, é a dádiva que recebemos deles.

Enquanto reconhecem seus sentimentos de rivalidade nas relações intensas que caracterizam sua família — rivalidade mútua e rivalidade em relação à maravilhosa avó de seu filho adotivo, Robin e Chris Cutler revelam sentimentos que todos nós enfrentamos ao nos tornarmos uma família. Os Humphreys são uma família que adotou com êxito uma criança. Na história deles, os problemas com que filhos e pais de criação têm de lidar são apresentados numa perspectiva nítida. Como quase metade das crianças nos Estados Unidos hoje em dia são criadas em famílias adotivas, torna-se cada vez mais vital compreender o modo como famílias de verdade administram tais relações. Ao invés de simplesmente lamentar as estatísticas ou de elaborar teorias róseas sobre a fantasia moderna da "família mesclada" (*blended family*), devemos observar famílias de verdade. Como em muitos dos problemas enfrentados neste livro, quanto mais abertamente eles forem encarados, mais confusão e mais problemas novos surgirão, e maior será a probabilidade de que seja forjada uma família nova, mais vigorosa.

A família O'Connell-Beder revela os torturantes problemas que os casais enfrentam quando descobrem que são incapazes de conceber, de dar à luz seus próprios filhos, recebendo então o rótulo de estéreis. Cuidar dos filhos de outros não é uma transição fácil, sobretudo na adoção de uma criança de outra cultura, mas pode se tornar algo recompensador e instigante. A experiência de Eileen e Barry com sua filha coreana, Jenny, suscita a questão universal — quanto é natureza (herança), quanto é criação?

Situações especialmente difíceis colocam-se diante dos Cooper e dos McClay. As crianças Cooper perderam a mãe. O pai, um policial, vê-se repentinamente sozinho, às voltas com os sentimentos de uma filha adolescente e os de um filho de quatro anos. A maneira como gradualmente extraíram força da sua tragédia é esclarecedora. Os McClay e o filho, Kevin, enfrentaram três anos de leucemia — o choque do diagnóstico e o fardo do tratamento. A compreensão deles, à medida que enfrentam com Kevin e com os irmãos essa doença perigosa, deixaram-me comovido e surpreso.

Todas essas famílias foram sinceras quanto a seus sentimentos mais profundos. Suas reações às pressões diferem muito, embora se possa perceber um padrão universal. Espero ter transmitido aqui tanto as lições que esses pais e filhos me ensinaram quanto minha admiração por cada um deles.

Todas as cinco famílias apareceram comigo no programa de TV a cabo *What Every Baby Knows*, do qual foram adaptadas as histórias e perguntas deste livro. Um livro anterior, com o mesmo título do programa, retratou outras cinco famílias diante de alegrias e problemas mais comuns e corriqueiros da vida com filhos. Nunca gostei tanto de escrever algo quanto os perfis e diálogos daquele livro e os que se apresentam em seguida.

Gostaria mais uma vez de agradecer às muitas pessoas que tornaram possíveis os programas e minhas profundas experiências com essas famílias. John Backe e Peggy Lamont, fundadores da Tomorrow Entertainment, deram-me a oportunidade de participar da criação da série de TV. Por causa de sua visão e dos talentos de Lou Gorfain, Chuck Bangert e Hank O'Karma, da New Screen Concepts, o poder do veículo visual foi somado às compreensões do desenvolvimento infantil que há tanto tempo venho tentando comunicar por escrito. A Procter and Gamble generosamente patrocinou essa programação inovadora, graças ao entusiasmo e ao trabalho dedicado de Beverly O'Malley e Erika Gruen, da Saatchi and Saatchi. O pessoal da Unidade de Desenvolvimento Infantil do Hospital Infantil de Boston, e especialmente Nancy Poland, uma experiente enfermeira pediátrica, ajudaram a fortalecer o conteúdo do programa, baseando-se em nossos anos de pesquisa conjunta. A profunda compreensão que Nancy tem dos pais e de suas preocupações tornou possível a atmosfera de confiança e franqueza em que os programas foram filmados e os livros, escritos.

Nem o programa de televisão nem os livros teriam sido possíveis sem os pais Robin e Chris Cutler, Charles Cooper, Liz e Howie Humphreys, Valerie e Kevin McClay, Eileen O'Connel e Barry Beder. Não tenho como expressar plenamente a minha gratidão a eles e a seus esplêndidos filhos.

CAPÍTULO I
A FAMÍLIA CUTLER

História da família

Robin e Christopher Cutler são do Norte dos Estados Unidos. Chris, de trinta e oito anos, vem de uma família tradicional de Boston; é loiro, atlético e seguro de si. É também afável, conquistando todos com seu sorriso fácil e seu encanto autêntico. Seu filho, Wiley, de dezesseis meses, é obviamente muito apegado a ele. Durante a consulta, Wiley raramente deixou o colo do pai, olhando para meu rosto sempre que eu falava com Chris.

Robin, de trinta e seis anos, é morena, elegante e também segura de si. Uma bem-sucedida decoradora de interiores, ela percorre de carro, várias vezes por semana, as quarenta milhas de ida e volta entre sua casa, perto de Worcester, e Boston, onde atende consultas. É bastante requisitada e recebe bons pagamentos. Com ela, tem-se uma sensação de comunicação imediata. Senti-me íntimo dela logo de início. Sua quase infantil falta de inibição contrasta com sua imagem de bom gosto e competência.

Chris mudou de emprego recentemente, deixando o cargo de consultor de gerência para assumir uma posição administrativa num hospital local. Explicou-me que assim poderia passar mais tempo em casa com Wiley. Queria participar da infância do filho antes que fosse demasiado tarde. Seu antigo emprego obrigava-o a passar horas e horas no serviço e a viajar pelo Nordeste do país, muitas vezes tendo de passar a noite fora. Lembrava-se da relação que tivera com o pai, que também viajava horas para ir trabalhar. Crescera com um enorme desejo de conhecer melhor o pai, e recusava-se a repetir a mesma situação com Wiley. Assim, com o nascimento de Wiley, pusera-se imediatamente em ação, procurando um emprego perto de casa, assegurando-se de que passaria pelo menos uma parte do dia com a família.

O quarto membro de importância vital na família é a mãe de Robin. Viúva com três filhos ainda pequenos, ela trabalhou para sustentar todos e tornou-se uma professora muito respeitada numa antiga e boa escola de Boston. Conseguiu criar os filhos, colocá-los na faculdade e vê-los estabelecidos em carreiras bem-sucedidas pouco antes de se aposentar, há alguns anos. Hoje na casa dos sessenta, ela é vigorosa, elegante e encantadora. Continua bem próxima da filha. Wiley é apaixonado por ela. Eu também fiquei, e assisti com prazer à maneira deliciosa e imaginativa como serve de mãe a todos os membros da família.

Quando os conheci, Chris falou-me abertamente sobre seu desejo de infância de passar mais tempo com o pai — que se dedicava integralmente à própria profissão, a arquitetura. O pai de Chris trabalhava com afinco e foi bem-sucedido, oferecendo aos filhos uma excelente educação e um exemplo de dedicação à carreira. Nos fins de semana, trabalhava e brincava com igual vigor, cortando madeira, jogando tênis, correndo e ensinando os filhos a adquirir resistência e agilidade. Mas essa devoção ao trabalho deu origem a um distanciamento e despertou em Chris um desejo não concretizado. Apesar desses sentimentos, é óbvio que o pai o criou muito bem. Pois Chris é um homem terno e másculo, carinhoso e firme ao mesmo tempo.

Wiley foi adotado. Robin e Chris estavam casados havia cinco anos quando começaram a planejar uma família. Na época, achavam que poderiam conceber imediatamente. Robin teve um aborto pouco depois de começarem a tentar. Após esse aborto, nada mais aconteceu. "Não levamos muito tempo para perceber que tínhamos um problema'', disse Robin. ''A cada mês crescia nossa angústia. Suportamos todos os horrores dos exames de fertilidade. Eu estava determinada a ter filhos, e Chris também. Cada um de nós precisava disso para si mesmo, mas precisávamos disso também como casal; precisávamos de uma criança para compartilhar. No princípio, os amigos perguntavam se não íamos tentar. Quando experimentávamos responder com honestidade, eles geralmente ficavam embaraçados e mudavam de assunto. Era como se tivéssemos uma doença. Cada um de nós tentava assumir a culpa para proteger o outro — como se a culpa fosse de alguém. No entanto, não havia nenhum diagnóstico médico, apenas 'esterilidade, causa desconhecida'. Todos da nossa família entraram na dança. Eles nos mandaram artigos sobre infertilidade. Soubemos que de 15 a 20% de todos os casais são estéreis. Isso era um consolo. Pelo menos outros tinham o mesmo problema. Entre cerca de 40 e 45% dos casos, o problema é com o homem; no resto, é com a mulher. Começamos a nos sentir muito sozinhos nas reuniões de família, quando tínhamos vontade de reunir as crianças de nossos irmãos e irmãs a nossos próprios filhos. Sentíamos um enorme vazio sempre que víamos os outros. Estávamos tentando havia oito anos, e era preciso desistir ou tentar alguma outra coisa para salvar nossa sanidade. O relógio biológico me pressionava — como eu já estava com mais de trinta e cinco anos, tínhamos de fazer algo.''

''Estávamos resolvidos a adotar uma criança caucasiana'', disse Chris, ''embora todos nos dissessem que não conseguiríamos. Começamos uma busca em tempo integral por uma criança branca. Fomos a público. Dizíamos a todos os que encontrávamos: 'Nós queremos um bebê.' Todos nossos amigos começaram a procurar para nós. Encontramos um advogado em Nova York que queria $15.000 por um bebê. Por fim, fomos encaminhados a um advogado na Carolina do Sul que trabalhava exclusivamente com adoções. Através de um sistema em que os pais naturais e os possíveis pais adotivos podem estabelecer contato e discutir a situação, o lado emocional do arranjo é iniciado. Então, o advogado entra para resolver os aspectos jurídicos, cobrando a taxa de costume. Depois que encontramos os pais naturais, esperamos apenas duas semanas. Mas, antes desse momento, havíamos feito oito meses de trabalho intensivo, principalmente Robin, para desenvolver nossa rede. Começamos a imaginar imediatamente qual era a cilada, se a mãe era saudável ou não, o que é que haveria de errado com o bebê. Tínhamos quase certeza de que haveria algo errado. Do contrário, seria bom demais para ser verdade. Nosso advogado encontrou-se com a moça e providenciou os arranjos médicos, hospitalares e jurídicos. Viajamos para pegar nosso bebê no escuro. Que ato de fé! Eu ainda não conseguia acreditar, e fiquei procurando coisas erradas no bebê. Quando ele abriu os olhos durante o vôo de volta, vi que era vesgo. Com um grito, chamei a aeromoça e pedi que desse uma olhada. Ela perguntou: 'Bem, qual é a idade dele?' Tomado de pânico, não consegui lembrar-me e disse: 'Eu não sei. Mal o conheço.' Com a conversa, ele acordou, e seus olhos endireitaram. Que tolos havíamos sido. Ao chegar em casa, já estávamos completamente apaixonados.''

Robin quis contar o resto da história: ''Senti que eu tinha de fazer a adoção. Tinha de parar de me lamentar por causa de minha deficiência. A adoção era uma saída. De fato, acho que os pais adotivos têm até um tipo mais forte de amor para oferecer. Nós precisamos tanto deles. E precisamos nos pôr à prova. É claro, precisamos também que eles sejam perfeitos. E Wiley foi — desde o início. Representou o milagre que estávamos esperando. Sentimos um amor profundo logo de início. Por trás da mágica, sempre existe a sensação de que a ilusão pode acabar.''

''Demos apenas um telefonema, do aeroporto, avisando um vizinho sobre nossa viagem, mas foi como se toda a cidade estivesse pronta. Quando voltamos, descobrimos que tinham entrado em nossa casa e montado um quarto eficiente e completo para a chegada de Wiley. Quando entramos, fomos recepcionados com vivas e champanhe. Pudemos mostrar-lhes então este bebezinho lindo!''

Os olhos de Robin haviam-se avermelhado. Calando-se, ela lançou um olhar para Wiley. ''Desde o começo'', prosseguiu, ''nossa impressão foi a de que já conhecíamos Wiley. Apesar de ter sido difícil nos ajustarmos à adoção, ele nos ajudou. Tínhamos passado por tanta coisa, fazendo todos os exames para saber o que havia de errado com a gente. Todas as vezes, eles nos despachavam, dizendo: 'Vão para casa e façam um bebê. Vocês são normais.' Que farsa! Tentamos vezes sem fim. Cada um de nós achava que estava desapontando o outro. Nosso casamento sofria uma forte tensão.''

A mãe de Robin tomou a palavra: ''Eu estava tão preocupada com o bem-estar mental de Robin. O senhor acredita em milagres? Eu, sim. Fui à igreja no primeiro domingo do Advento. Rezei para que ela tivesse um bebê. O bebê nasceu naquele dia!''

''Desde o primeiro instante'', disse Chris, ''tive a sensação de que o conhecia. Eu já não conseguia me concentrar no trabalho. Tinha de estar em casa com ele. Wiley era incrível. Eu estava apaixonado! Não queria imitar meu pai com sua mania de trabalho e seu distanciamento de nós quando éramos garotinhos. Não queria ser omisso com Wiley. Comecei a passar todos os momentos disponíveis com ele. Senti-me tão recompensado e realizado que percebi que minha carreira passaria a ser secundária em relação àquele bebê. Meu novo emprego, perto de casa, proporcionava-me um tempo enorme com Wiley e também com Robin — havíamos esperado um tempo enorme para compartilhar essa alegria.''

O pai dedicado

VISITA AO CONSULTÓRIO

Chris trouxe Wiley até mim para ser vacinado, uma visita de rotina.

Dr. Brazelton Só você e Wiley hoje? Como estão os dois?

Chris Wiley está ótimo. Estou equilibrando o trabalho e ele.

Dr. Brazelton Você consegue passar bastante tempo em casa?

Chris Um bocado, embora o trabalho exija bastante dedicação e energia.

Dr. Brazelton É uma época difícil para qualquer homem, mas, vendo o modo como Wiley olha para você e como se mostra apegado a você, percebe-se como esta época está sendo importante para ele. Imagino que para você também deve ser.

Chris Quando ele era bebezinho, as pessoas nos disseram que, se falássemos com ele e lhe déssemos atenção de verdade, a recompensa viria cedo e seria boa, e foi o que aconteceu. É realmente gratificante. Quando eu era criança, meu pai trabalhava demais, e eu passava muito tempo sem vê-lo. Não quero isso — nem para mim nem para Wiley. Senti a falta de meu pai. O tempo que passávamos com ele era bastante intenso, e, assim, a falta que eu sentia sempre aumentava.

Dr. Brazelton Quer dizer que a relação era na base do tudo ou nada.

Chris Sim. Ele ou estava ou não estava. (*Enquanto fala, Chris olha para Wiley.*)

Dr. Brazelton Ficar com Wiley traz-lhe recordações ou um sentimento de volta à infância?

Chris Sim. A gente relembra os momentos magníficos e também os pequenos desastres.

Dr. Brazelton Que tipo de desastres?

Chris Ah, eu só estava pensando na ansiedade e no desapontamento: quando meu pai não estava no trem de Boston das 7:30, sabíamos que ele só voltaria na noite seguinte. Sei que Wiley terá de enfrentar isso, mas espero que não seja com muita freqüência.

Dr. Brazelton Como você se sentirá quando tiver de ficar fora?

Chris Sentirei falta dele.

Dr. Brazelton Isso parece deixá-lo triste.

Chris Bem, é uma época tão especial que detesto perder uma noite.

Dr. Brazelton Só porque vai sentir falta de Wiley, ou é algo mais que isso?

Chris Talvez mais que isso.

Dr. Brazelton Tem medo de ficar muito parecido com seu pai?

Chris (*Com serenidade*) Sim.

Dr. Brazelton Na geração de seu pai, poucas pessoas demonstravam abertamente o que sentiam. A meu ver, você era tão importante para seu pai que ele tinha dificuldade em demonstrar isso. Ao vê-lo agora com Wiley, lembro-me de como eu *queria* ser quando meu filho era jovem. Mas, sabe, era *difícil*. Eu sempre voltava ao tipo de relacionamento que tivera com meu pai, um relacionamento distante. Ele era um grande atleta, dos melhores, mas nunca permitiu que eu me aproximasse muito, e agi da mesma maneira com meus filhos. Mas você pelo menos mudou de emprego para organizar as coisas do jeito que quer. Você e Wiley sempre poderão se recordar desta época.

Chris Espero que sim.

Dr. Brazelton Não se deixe dominar, caso contrário acabará voltando à velha mentalidade do tudo ou nada que mantinha com seu pai. Você sabe que não tem de ser assim. Se puder reservar algum tempo para ele quando chegar em casa, e economizar energia suficiente, ele construirá algo a partir do que vocês já têm em conjunto neste período inicial da vida.

OS PROBLEMAS

Há duas poderosas forças em ação no procedimento de Chris como pai: a lembrança da falta que ele sentia do pai e o fato de Wiley ser um bebê tão especial, desejado durante tantos anos. Quando Wiley foi adotado, Chris apaixonou-se. Estava preparado para aquela criança. Felizmente, Wiley é tão sensível e adaptável que tornar-se pai foi algo bastante recompensador para Chris. Ambos são parecidos não apenas fisicamente — louros, fortes, de compleição robusta — mas a personalidade também é semelhante. Aproximam-se das pessoas com um sorriso cativante e uma veemência encantadora. A única coisa que Wiley não tem é a covinha no queixo e os óculos de aros dourados de Chris. Quanto ao resto, são verdadeiras réplicas um do outro. Tanto Chris quanto Wiley examinam as pessoas com a cabeça levemente erguida e um ar indagador. Eles se deixam absorver pelo que ouvem. Então, como se estivessem diante da revelação mais maravilhosa, seus rostos se iluminam com a compreensão. Muitos dos maneirismos que notei em ambos são exclusivos, de modo que Wiley deve tê-los copiado de Chris. Como pôde aprendê-los tão cedo? Minha única suposição é que, pelo tempo dedicado por Chris a Wiley, o filho teve a oportunidade constante de observar o comportamento do pai.

O relacionamento de Chris com Wiley logicamente foi influenciado pelas circunstâncias especiais da adoção. Já na viagem de volta da Carolina do Sul, Chris lembra-se de ter ficado desarmado e cativado. Com emoções tão intensas mobilizadas desde o início, foi fácil para Chris permanecer envolvido com o menino. Cada novo feito — sorrir, vocalizar, rir, estender o braço, sentar-se, andar — foi não só de Wiley, mas também de Chris. Ele reviveu a infância nesse bebê. Eles estão unidos no que a psicanalista Margaret Mahler chama "relação simbiótica".

Na elaboração desse laço, Wiley tem segurado a ponta que lhe cabe, venerando e recompensando Chris diariamente. O que acontecerá, porém, quando Wiley passar a ser negativista? Poderá Chris compreender essa independência incipiente e participar dela com admiração e paciência? Para ele, o segundo ano será "tremendo" ou "terrível"? As recompensas de ser pai têm sido muitíssimo importantes para Chris. Seu envolvimento íntimo com Wiley tem-lhe trazido uma profunda satisfação que, sem dúvida, irá ajudá-lo a tolerar qualquer incerteza futura, assim como a tensão entre sua carreira e a condição de pai.

Um homem e uma mulher podem realmente dividir em igualdade a tarefa de criar os filhos? Diane Ehrensaft, em *Parenting Together*[1], mostra que, para tornar isso possível, as esposas têm tanta influência quanto os maridos. O movimento feminista abriu portas para todos nós — para as mulheres e também para os homens. Ajudando as mulheres a supor — e depois a provar — que podem ter sucesso no mercado de trabalho, o movimento levantou a questão seguinte: os homens podem assumir os papéis de criação e cuidado dos filhos? E as mulheres permitirão? Alguns homens ousaram pôr-se à prova. É preciso um ego bem forte, como o de Chris, para modificar o papel masculino tradicional. Um pai dedicado tem de enfrentar seus colegas, que podem sentir-se ameaçados por sua escolha e zombar dele por ciúme. A capacidade de Robin de sustentar a família com seu negócio de decoração de interiores, caso assim escolhesse, é outra ameaça potencial para a imagem que Chris tem da própria masculinidade.

A imagem que Robin tem de si mesma, de mulher maternal, também está em jogo. Pode ela aceitar seu papel duplo por muito tempo? Para que isso funcione, ambos têm de estar convictos de que suas escolhas são boas para Wiley. Felizmente, tanto Chris

1. Nova York, Free Press, 1987.

quanto Robin percebem que estão dando um presente a Wiley. E Wiley tem contribuído com sua parte. Ele literalmente absorveu o pai. Refletiu os gestos, expressões e ritmos do pai com um encanto tão irresistível que Chris não teve como deixar de envolver-se. Se Wiley fosse uma menina ou tivesse uma personalidade diferente, Chris teria permanecido tão empenhado? Nunca saberemos.

A nova tendência de cuidar dos filhos em conjunto é uma revolução ou é impelida pela necessidade? Diane Ehrensaft diz que ambas as respostas são verdadeiras. Essa tendência certamente está modificando fortes crenças e práticas culturais, liberando a ambição das mulheres e a capacidade dos homens em cuidar dos filhos. Mas a dedicação conjunta também é reforçada pela necessidade — a difícil situação de famílias nucleares sob pressão financeira e sem nenhum apoio social para com o cuidado infantil. Os homens agora são necessários em casa. Para que as crianças não sejam negligenciadas, ambos os pais devem assumir um papel ativo na criação delas. Não apenas as crianças obtêm benefícios com o envolvimento do pai, mas a família como um todo é fortalecida. Talvez, a longo prazo, o envolvimento do pai possa reverter a devastadora tendência no aumento de colapsos familiares. A meu ver, não há nada que possa substituir uma família estável. Oferecer a uma criança pequena a oportunidade de ter dois pais profundamente dedicados é o sonho do pediatra.

Ao longo de meus anos de prática, tenho assistido ao desenvolvimento das relações pai-bebê. A permissão pública para que os pais se tornem mais envolvidos surgiu primeiramente na década de 1960, a partir dos grupos de educação para o parto. Os pais foram encorajados a freqüentar aulas de parto e a presenciar o nascimento. Anteriormente, na década de 1950, alguns homens lutaram para ficar com as esposas durante o trabalho de parto e o nascimento. Eu tentei com o meu primeiro filho, mas permiti que me mandassem embora perto do final. Ainda havia uma aura de segredo sobre o parto e pouco apoio para que os pais partilhassem da experiência. Em casa, senti um misto de culpa por ter levado minha esposa a um estado tão perigoso e tristeza por perder uma ocasião tão gloriosa — o nascimento de nosso primeiro filho. Olhando para o passado, acho que os homens eram mantidos fora da sala de parto porque o pessoal médico sentia a observação vigilante deles como competição e, portanto, como algo perigoso. Os pais também permitiam que os mantivessem afastados porque aceitavam a idéia de que não havia lugar para eles nesse rito de passagem feminino.

Depois que Lamaze, Grantly Dick Read e outros transformaram o trabalho de parto numa experiência participativa, em que as mulheres são mantidas despertas e ativas, ao invés de entorpecidas com medicamentos, a necessidade de apoio durante o trabalho de parto tornou-se clara. O papel das avós e de outras parentas ao longo dos séculos foi reafirmado. Mais recentemente, Marshall Klaus e John Kennell demonstraram que quando uma *doula* (nome grego para uma mulher que dá apoio a outra durante o parto) está presente, o trabalho de parto é mais breve e surgem menos complicações, inclusive cesarianas[2]. Há também menor necessidade de episiotomia, menor ruptura do colo e menos perigo de complicações para o bebê. Em outras palavras, o apoio a uma mulher em trabalho de parto torna o processo todo mais eficaz e seguro. Tanto a mãe quanto o bebê se beneficiam. Mas não é sempre que há avós disponíveis na geração atual, e as enfermeiras, ocupadas, têm de cuidar de mais de uma mulher em trabalho de parto. As mulheres grávidas, reconhecendo a necessidade de uma pessoa que lhes prestasse apoio constante, perceberam que precisavam da presença do pai. Os cursos de educação para o parto passaram a destinar-se a mães e pais. As mulheres mudaram o rumo da paternidade.

Quando o pai está presente no parto, o envolvimento com o bebê intensifica-se imediatamente. Sua participação e seu trato

2. *New England Journal of Medicine*, 303, 597-600 (Setembro II, 1980).

com o bebê recém-nascido conquistam o pai num nível profundo e duradouro. Esse efeito, juntamente com o fato de que a maior parte das mães agora trabalha, tem levado os homens progressivamente a compartilhar a responsabilidade pelos filhos. Vi a mudança ocorrer gradualmente na minha própria prática. Quando acompanham as esposas numa visita pré-natal, eles agora trazem tantas perguntas quanto elas. Eles telefonam durante meu expediente. Em várias visitas de rotina, é o pai quem traz a criança. Na maioria das outras consultas, ambos os pais estão presentes. Quando as mulheres estão dispostas a compartilhar a responsabilidade pelo cuidado com o bebê, os homens reagem positivamente.

A mãe se beneficia com a participação do pai não apenas no aspecto prático. Uma década atrás, um importante estudo[3] demonstrou que as mães são mais competentes para alimentar e brincar com bebês de quatro semanas quando o pai lhes presta mais assistência. O inverso também é verdadeiro; a discórdia conjugal nesse período crítico é associada com deficiências por parte da mãe. Tem-se demonstrado repetidas vezes que a presença e o apoio do pai afetam o tipo de cuidados maternais.

Em nossa pesquisa no Hospital Infantil de Boston, descobrimos que sentimentos de preocupação, concentração e interesse em relação ao bebê podem ser gerados ajudando-se o pai a compreender o comportamento de recém-nascidos. Quando a nossa Escala de Avaliação do Comportamento do Recém-Nascido é demonstrada aos pais no terceiro dia de vida do bebê, eles, um mês depois, mostram-se mais sensíveis ao choro dos seus bebês e, um ano depois, estão mais envolvidos, não apenas com o

3. F. A. Pedersen, B. Anderson e R. L. Cain, "An Approach to Understanding Linkage between the Parent-Infant and Spouse Relationship" (Dissertação apresentada na Society of Research in Child Development, Nova Orleans, Março, 1977).

bebê, mas com toda a família[4]. Os pais têm tudo para ser cativados.

Esse envolvimento, além de bom para os bebês, também modifica o pai. O pai desenvolve uma imagem nova de si mesmo à medida que busca e encontra as recompensas do cuidado com o bebê. Dos jovens pais que conheço em Cambridge, percebo quais estão intimamente envolvidos com os filhos quando passo por eles na rua. Eles parecem andar mais eretos; parecem mais alegres e confiantes. E, é claro, muitas vezes me detêm na rua para falar sobre as novidades do bebê.

Qual o nível de competência do pai? Ross Parke e seus colegas demonstraram que o pai alimenta o bebê tão bem quanto a mãe e é igualmente sensível aos estados de espírito do bebê pequeno[5]. Segundo Parke, o pai alimentaria o bebê com maior freqüência se em geral a sociedade achasse que ele é tão competente nos cuidados com o bebê quanto a mãe. O ''instinto maternal'' foi atribuído às mães, e será preciso uma verdadeira mudança nas atitudes da sociedade para os pais poderem sentir-se aptos nesse aspecto. Se Robin, por exemplo, houvesse criticado Chris durante as semanas iniciais quanto a seu modo de segurar o bebê ou por ser rude ou desajeitado, Chris teria ficado bastante vulnerável. Ele provavelmente se retrairia e devolveria essas tarefas à esposa. Durante as primeiras semanas, a mãe que precisa do envolvimento do marido deve abster-se de críticas ao cuidado que o marido dispensa ao bebê. Até mesmo os pediatras são altamente sensíveis às críticas das esposas no trato com o primeiro bebê. As mulheres têm de saída nove meses de experiência com o recém-nascido, assim como expectativas mais positivas da parte dos outros. Os homens têm de aprender a adquirir confiança. No caso de Robin e Chris, o evento da adoção pode ter ajudado a prepa-

4. J. Beal, ''The Effect of Demonstration of the Neonatal Behavioral Assessment Scale on the Father/Infant Relationship'', *Birth* (Março, 1989).

5. R. Parke, *Fathers*, Cambridge, Massachusetts, Harvard University Press, 1981.

rar o caminho para os papéis compartilhados. Ambos começaram a partir do mesmo ponto. Robin não teve a vantagem da gravidez. Ambos aguardavam ansiosíssimos o bebê. Ambos estavam prontos para compartilhar e para desenvolver seu relacionamento ao redor dele.

O que o bebê ganha com o envolvimento do pai? A oportunidade de o bebê aprender sobre duas pessoas diferentes, que lhe oferecem cuidados, que são igualmente dedicadas a ele, é um investimento concreto para o futuro. Em nossa Unidade de Desenvolvimento Infantil no Hospital Infantil de Boston, eu e meus colegas Suzanne Dixon e Michael Yogman observamos filmes com bebês de quatro a seis semanas sentados, interagindo com adultos fora de cena[6]. Observamos por dois minutos os dedos das mãos e dos pés dos bebês, seus movimentos faciais, os olhos e a boca, sem vermos com quem eles estavam interagindo. Após dois minutos, através do comportamento do corpo deles, pudemos determinar com sucesso se o bebê estava interagindo com a mãe, o pai ou um estranho. Nossas observações demonstraram que, com a mãe, o bebê já criou a expectativa por uma interação moderada, suave. Os dedos das mãos e dos pés, os olhos e a boca movem-se de modo mais rítmico — estendendo-se, curvando-se, abrindo, fechando, num ritmo regular, quatro vezes por minuto. Pois, quando brinca com o filho, a mãe invariavelmente reclina-se sobre ele, envolvendo-o com as mãos, a voz e o rosto, encorajando um dueto suave, que se harmoniza com os ritmos lentos e serenos do bebê. O pai nunca é suave. Quando o bebê tem de quatro a seis semanas, após o pai ter-se envolvido, os ombros, rosto, sobrancelhas, boca, braços e mesmo os pés erguem-se quando o pai entra em cena, naquilo que chamamos ar de "salto". O bebê parece esperar que o pai salte sobre ele.

Os pais, apesar da crescente participação no cuidado cotidiano, ainda esperam passar uma porcentagem maior do seu tempo

6. S. Dixon et al., "Early Social Interaction of Infants with Parents and Strangers", *Journal of the American Academy of Child Psychiatry* (1981).

brincando com os bebês. Num livro anterior, *On Becoming a Family*, descrevo a movimentação com que o pai trata o bebê, mesmo no início. Suas brincadeiras são mais de cunho físico, como saltar e erguer-se, do que as das mães. A atividade das mães gira mais em torno da alimentação, do ensino e da demonstração de brinquedos. Entre a quarta e a sexta semana, essas expectativas diferentes podem ser identificadas no comportamento filmado de um bebê.

A experiência com ambos os pais oferece ao bebê um começo de vida duas vezes mais rico, e seu aprendizado é duas vezes maior. O alcance de seu desenvolvimento emocional amplia-se. A psicóloga Tiffany Field demonstrou que pais que são os "principais" nos cuidados com o bebê sorriem e imitam as expressões faciais e vocalizações da criança mais que os pais que são os "secundários"[7]. A oportunidade de Wiley de criar maneiras diferentes de reagir a seu mundo é certamente realçada pelo profundo envolvimento de Chris.

Mesmo no período imediatamente posterior ao nascimento, os pais reagem de modo diferente aos filhos e às filhas. Eles tocam e falam mais com os meninos. As mães tocam e conversam mais com as filhas do que com os filhos. Tais diferenças continuam. Ross Parke e Douglas Sawin, destacados investigadores do comportamento de recém-nascidos, descobriram que os pais tocam os filhos e brincam com eles com maior freqüência, embora demonstrem afeição pelas filhas com maior rapidez, enquanto as mães continuam a tocar mais e a conversar mais com as filhas, e a terem mais afeição pelos filhos[8]. Nessas observações podemos perceber o primeiro indício da caracterização do papel sexual. Em minha experiência, porém, os bebês recém-nascidos contribuem ativamente para que as reações dos pais a eles sejam di-

7. T. Field, "Interaction Behaviors of Primary vs. Secondary Caretaker Fathers", *Developmental Psychology* 14 (1978).

8. R. Parke e D. Sawin, "The Family in Early Infancy", in Pederson (organizador), *The Father-Infant Relationship*, Nova York, Praeger, 1980.

ferentes. Se, como Wiley, o garoto observar e reagir com serenidade a um tratamento calmo e meigo, é provável que tanto a mãe quanto o pai percebam esses padrões comportamentais e se ajustem a eles.

Chris e Wiley mostraram-me o tipo de relacionamento que é possível quando um pai se envolve genuinamente. Cada um deles parecia perceber os comunicados não-verbais do outro sem ao menos se olharem diretamente; quando Wiley se movia, Chris reagia movendo-se quase imperceptivelmente. Antes que Chris o mandasse fazer algo, Wiley já começava a fazê-lo. Tal comunicação baseia-se num alto grau de comunicação sensorial. Os dois não eram particularmente ativos ou turbulentos. Suas reações motoras eram perfeitamente sincronizadas. Para mim, isso representa não apenas a quantidade de esforço e envolvimento direto que Chris imprimiu a seu papel, mas também a qualidade do relacionamento entre ambos. Os dois estavam profundamente sintonizados entre si.

O desenvolvimento intelectual do menino depende mais da presença do pai que o da menina. Os garotos que têm contato mais freqüente com o pai conseguem marcas de desempenho cognitivo mais altas. O pai não apenas estimula o desenvolvimento da capacidade física do filho, mas também reforça diretamente o desempenho cognitivo. O pai estimula os processos cognitivos da menina de modo mais indireto, através de elogios verbais. Esses efeitos positivos são percebidos em crianças de apenas seis meses e em crianças que já têm entre seis e sete anos, a idade em que entram na escola. O contrário também é verdadeiro. A ausência de um pai afeta os resultados obtidos em testes de realização, pontos de QI e a média de notas escolares[9]. O envolvimento do pai na criação da criança aparentemente não altera as identificações do papel sexual, exceto no que diz respeito ao serviço domés-

---

9. M. Shinn, "Father Absence and Cognitive Development", *Psychological Bulletin*, 85 (1978), 295.

tico. Quando o pai participa das tarefas cotidianas da casa, tanto meninos quanto meninas ficam mais familiarizados com todas essas tarefas. Garotos como Wiley, com pais envolvidos, estão melhor preparados para se ajustar às pressões e tarefas com que se defrontam as famílias com dois cônjuges que trabalham fora, cujo número é cada vez maior.

PERGUNTAS COMUNS

Pergunta Passei maus bocados conciliando as exigências de meu trabalho com o tempo que quero passar em casa com meu filho. O senhor tem alguma sugestão?

Dr. Brazelton Poupe energia durante o dia para poder segurá-lo e ficar perto dele. Compartilhe um pouco de seu tempo com ele quando chegar em casa — e escute-o. Não é tanto a duração que importa, contanto que isso ocorra *todos* os dias. Então, no final de semana, reserve um momento especial, sagrado, só para você e ele. Faça então o que *ele* quiser. Fale sobre esse momento especial durante todo o resto da semana. O caráter especial desse tempo compartilhado manterá o relacionamento vivo e importante.

Pergunta Quando meus filhos eram pequenos, troquei muitas fraldas, e conseguia fazê-los arrotar e coisas desse tipo. Mas, como era uma tarefa sem grande importância, eu não me sentia muito satisfeito. Estava preocupado na verdade com minha carreira e minhas possibilidades de sucesso; eu achava que, bem ou mal, as crianças cresceriam. Agora me pergunto se elas teriam crescido mais seguras se eu tivesse demonstrado mais alegria.

Dr. Brazelton Tenho certeza de que o fato de você sujar as mãos significou muito para seus filhos. As crianças não crescem de qualquer jeito. O que percebo é sua ânsia, seu desejo de ter se envolvido mais. Mas parece-me que você conseguiu dar-lhes muitas coisas e bons momentos.

Pergunta Cresci numa família um tanto tradicional. Minha mãe era dona de casa; meu pai trabalhava. Como minha esposa trabalha, cuido um bocado de nossos filhos, dando-lhes banho e trocando suas roupas, etc. Será normal pais em minha situação acharem que estão cooperando mais, e que outros pais não estão?

Dr. Brazelton Sim. Tudo isso visa a atender às exigências de um papel novo e desconhecido. Tenho certeza de que muitos pais hoje crêem estar fazendo "tudo", e que ninguém se importa de verdade. As mulheres que trabalham sempre acharam isso. Mas a verdade é que essas tarefas comuns de cuidados com os filhos são importantes, não só para seus filhos como para você. Quando eles não precisarem mais disso, você ficará surpreso ao sentir um vazio em sua vida. Mas, no momento, isso significa exigências que lhe são desconhecidas, e é normal você ressentir-se. Simplesmente não se deixe levar por esses sentimentos. Você está dando a seus filhos a chance de perceberem como um pai pode ser carinhoso. Quando chegar a vez deles, eles se sairão bem melhor.

Pergunta Cuido de minha filha Hannah em tempo integral, e acho que é uma grande vantagem para mim poder perceber mudanças sutis à medida que ocorrem. É uma época maravilhosa. Às vezes, homens que me vêem dizem: ''Dando uma folga para a esposa?'' Explico que cuido dela o tempo todo e falo da alegria que isso me dá, mas eles não parecem interessar-se.

Dr. Brazelton Eles provavelmente não querem escutá-lo. Hoje, a maioria dos homens tem consciência de que está perdendo algo quando não participa plenamente. Essas mudanças no desenvolvimento que você percebe e pelas quais se sente responsável, podem fazer com que você as queira em maior número. Espero que possa ver isso no rosto dela também, aquele ar de ''fui eu mesma que fiz''. Essa é a coisa mais importante que você pode lhe dar — uma percepção de si mesma!

Pergunta Estamos passando pelo estágio de planejamento. Minha esposa e eu temos carreiras difíceis. Muito embora eu tenha trabalhado por isso, acho que um bebê poderia vir a ser a coisa mais importante para mim. Eu provavelmente sacrificaria uma promoção por um filho. Como podemos planejar isso? É uma decisão tão pessoal.

Dr. Brazelton E é muito importante. Não importa o quanto planejarem antecipadamente, isso será mais trabalhoso e mais instigante do que vocês podem imaginar. Tudo o que posso dizer é que deixem suas opções em aberto. Em meu livro, *Working and Caring*, tento oferecer um retrato honesto do que é ser pai ou mãe quando ambos trabalham.

Pergunta O que o senhor diria a uma mãe que sente seu território invadido por um pai que está tentando assumir um papel maior, como, por exemplo, um pai querendo fazer tudo a sua maneira — a troca das fraldas, a limpeza das roupas ou o jeito de brincar com a criança? Meu marido e eu fazemos as coisas de modo diferente, e eu me sinto ameaçada quando ele assume o comando com nosso filho.

Dr. Brazelton É melhor falar sobre isso com ele, e quanto mais cedo, melhor. Muitas mães experimentam esses sentimentos inconscientes de competição no importante papel dos cuidados com o filho. Mas há espaço para ambos os pais. Quanto mais cada um de vocês der à criança, melhor será para ela, *contanto* que isso não cause um atrito irreparável entre os pais. Faça tudo o que puder para evitar isso e para compreender a fonte do atrito. Ele é causado pelo zelo enorme dos pais. Trata-se de uma grande vantagem para a criança — ter o cuidado de ambos. Não estrague isso!

Rivalidade entre o pai e a mãe

VISITA AO CONSULTÓRIO

Robin e Chris trouxeram Wiley ao consultório quando ele fez dezoito meses. Sentaram-se perto um do outro; Chris puxou a ''cadeira do pai'' para perto da escrivaninha, ficando ao lado da cadeira que Robin escolhera. Quando Chris sentou-se, notei que ela se inclinou na direção dele. Wiley postou-se diante da mãe, segurando-se nela, mas olhando para o pai.

Dr. Brazelton Fico contente por ver os três. Pois bem, qual a idade de Wiley?

Robin Wiley está com um ano e meio, e às vezes é muito travesso. Ele realmente precisa de controle. Está sendo agressivo, independente, barulhento e indisciplinado. Isso acontece por ele ser menino? Fico um pouco triste por isso, quando penso que ele vai crescer e ir embora. Tenho sido tão feliz com ele até agora.

Dr. Brazelton Que tipo de dificuldade está tendo agora?

Robin Bem, para começar, ele parece querer fazer mais pelo pai do que faz pela mãe.

Dr. Brazelton Isso não é muito justo nem é fácil para você, não é mesmo?

Robin Não, às vezes, não é. Com Chris no trabalho, eu fico com todos os "nãos" do dia, e quando ele volta, Wiley fica contente, brincalhão, naquele estado de espírito do tipo "vou fazer tudo para ficar com papai".

Dr. Brazelton Isso faz você sentir que está fazendo todo o trabalho duro, enquanto ele fica com a parte boa.

Robin Exatamente.

Dr. Brazelton Talvez haja um pouco de competição nisso.

Robin Às vezes, um bocado!

Dr. Brazelton Isso cria tensão entre vocês dois.

Robin Acho que sim.

Dr. Brazelton Chris, podemos colher uma amostra de urina de Wiley? (*Sem a presença de Chris, talvez ela se abra*)

Chris Vamos sair um instante. Diga tchau para a mamãe.

Wiley Tchau.

Dr. Brazelton Bom menino! (*A Robin*) O problema com o segundo ano é que você tem de desistir da paixão do primeiro ano. Não há realmente mais nada que você possa ter como garantido. Ele agora é imprevisível — por motivos dele, não seus. Ele agora não se limita a venerá-la.

Robin (*Parecendo triste*) É verdade.

Dr. Brazelton No primeiro ano, você recebe o retorno imediato de tudo o que faz com o bebê. Está acontecendo o contrário agora?

Robin Não é rejeição total, mas me sinto um pouco rejeitada.

Dr. Brazelton Chris sente o mesmo? Ele não me informou de nada disso.

Robin Ele não vê a situação como eu. Por exemplo, outro dia eu estava na cozinha tentando preparar o jantar, e Wiley queria ajudar, tentando colocar a mão nas bocas do fogão. Tive de fazê-lo parar. Então ele começou a gritar: ''Papai, papai, papai!'' Fiquei aborrecida, pois estava tentando resolver a situação. Chris entrou e começou a me dizer o que fazer. Agarrei-me ainda mais a Wiley, dizendo: ''Eu posso resolver, eu posso resolver. Sou sua mãe, não sou?'' E ele ainda gritando pelo pai.

Dr. Brazelton Em sua opinião, o que está havendo?

Robin Chris é um pai muito dedicado...

Dr. Brazelton Muito.

Robin ... e isso... bem, eu não queria que fosse de outro jeito. Falo sinceramente, mesmo com esses momentos de competição.

Robin de certo compreendia seu conflito, mas não tinha como evitar aqueles sentimentos. Quando Wiley e Chris voltaram, Wiley ignorou-a; ela tentou segurá-lo, primeiro com o olhar, e depois estendendo os braços. Chris levou Wiley para ela, mas o olhar de Robin dizia tudo — ainda estava magoada. Decidi tentar algo diferente.

Dr. Brazelton Olhem, esse guri é um verdadeiro artista. Sabe conquistar as pessoas. Eu sinto isso. Quer não apenas ser como os homens da vida dele, mas também conquistar a todos.

Robin É... Como é que se diz? Identificação de papéis sexuais, não? (*A pergunta era minha resposta*)

Dr. Brazelton Por que pergunta isso?

Robin Não sei. Acho que não quero um chovinista em minhas mãos...

Dr. Brazelton Como o pai?

Robin Não foi isso que eu quis dizer! (*Ela realmente estava falando sobre algo mais profundo*)

Dr. Brazelton O que é que você quer?

Robin O senhor quer dizer em relação a Wiley?

Dr. Brazelton Bem, há alguma outra coisa?

Robin Na verdade, eu queria uma filha também.

Dr. Brazelton Alguém como você?

Robin	Sim. Alguém como eu. É um de meus maiores sonhos.
Dr. Brazelton	É interessante que Chris não tenha vontade de competir por Wiley como você. A seu ver, isso pode ter relação com o fato de ambos serem homens?
Robin	É provável.
Dr. Brazelton	Você acredita que ocorrem muitas coisas entre eles das quais você não participa?
Robin	Sim. O que eu quero dizer é que ele está se identificando com o pai, e são dois contra um. (*Um sentimento tão natural*)
Chris	Talvez eu fique assim se tivermos uma filhinha.
Dr. Brazelton	"Talvez", coisa nenhuma — você vai ficar assim! Com ciúme! *De ambas*. Mas percebem como isso é bom? Vocês se interessam tanto que querem lutar pela posse dele — isso é muito bom para *ele*. Pode não ser fácil para vocês e para seu relacionamento, mas é uma parte inevitável de um triângulo — tensões, emoção, frustração, afeto. Seu envolvimento é bastante benéfico para ele.
Robin	Então o senhor acha que ele está bem?
Dr. Brazelton	Não apenas bem. Ele está *ótimo*! E você?
Robin	Ficarei bem.
Dr. Brazelton	Ficará. Sem dúvida alguma.

OS PROBLEMAS

O ciúme de Robin é uma seqüela natural da intensidade do relacionamento entre Chris e Wiley. É normal ela sentir-se desprezada à medida que eles se tornam mais íntimos e parecidos. À medida que os homens se dedicam mais à família, essa situação será cada vez mais freqüente. Entre adultos zelosos, é inevitável a competição pelo filho. No passado, esse tipo de competição até mesmo motivou enfermeiras e médicos zelosos a manter os pais fora dos hospitais infantis. Inconscientemente, eles diziam a si mesmos: "Eu posso fazer muito mais por esta criança doente." À medida que os pais passam a dedicar maiores cuidados aos filhos, é claro que as mães sentem-se de certo modo suplantadas. Para não colocar em risco o relacionamento, os pais que compartilham a experiência têm de compreender que esses sentimentos são saudáveis. Homens que pressupõem que as mulheres têm instintos mais desenvolvidos para cuidar dos filhos tendem a reagir exageradamente. Lembro-me de ter perguntado a minha esposa se ela estava certa de que tinha leite suficiente — uma pergunta que eu nunca teria feito a uma paciente. Revendo o passado, percebo que sentia um ciúme intenso dela e do bebê. Dessa maneira e de outras mais sutis, os homens tentam colocar de lado as mães. Para se protegerem, elas normalmente criticam os maridos. Nenhuma dessas reações é necessária se os sentimentos de competição forem compreendidos. Ao invés disso, o ciúme pode ser uma fonte de motivação, que incentiva ambos os pais a dar atenção à criança. O ciúme não é necessariamente destrutivo. O bebê beneficia-se com essa paixão reforçada.

Diane Ehrensaft, no livro já mencionado, assinala diferenças interessantes no modo como os pais se comportam com a mesma criança. As mães fazem comentários sobre a falta de combinação entre as roupas com que os maridos vestem os filhos. Elas geralmente harmonizam as cores e orgulham-se mais da aparência dos filhos. Os homens, em contrapartida, desprezam a atenção dispensada pelas esposas à aparência. Cada um deles está expressando certo grau de competição numa área que não é vital nem perigosa.

A preocupação é outra esfera em que os pais tendem a divergir — e a competir. As mães em geral preocupam-se de antemão. Os homens preocupam-se depois que algo já aconteceu. As mães tendem a sentir que estão mais intimamente sintonizadas com os ajustamentos futuros dos filhos. Os homens só se identificam quando conseguem ver algo acontecer. Os homens tendem a dizer: "No trabalho, tenho de esquecer o que está acontecendo em casa. Se me preocupo muito com as crianças, não consigo trabalhar direito." Se realmente existe essa diferença sexual no modo como os pais centram sua preocupação, essa diferença pode beneficiar as crianças. Elas podem se voltar para as mães quando tiverem de se preparar para um grande ajustamento, e para os pais quando precisarem de apoio para fazer esse ajustamento. Cada pai pode desempenhar um papel de apoio diferente, ao passo que o mesmo estilo de se preocupar em ambos os pais pode sobrecarregar de apreensão a criança.

Para mim sempre foi fascinante a precocidade com que uma criança reconhece a diferença entre os pais e como faz uso dela. Durante o primeiro ano, nossos filhos, "sabendo" que a mãe se preocupava com a alimentação, reservavam para ela seus problemas com as refeições. Para mim, eles comiam bem. No segundo ano, quando estavam aprendendo a ir ao banheiro, aconteceu exatamente o contrário. Minha esposa tinha absoluta fé no sucesso deles nessa área. Assim, as crianças me torturavam com seus "erros". Quando a tensão de um pai quanto a um problema é contrabalançada por uma atitude mais tranqüila da parte do outro, a criança tem como se proteger contra uma apreensão exagerada e obsessiva. Do mesmo modo, quando ambos os pais ficam ansiosos por causa de algum problema, é mais provável que a criança *adquira* um problema nessa área específica.

A independência de Wiley no segundo ano, à medida que for demonstrada por ele, provavelmente será experimentada por Chris de maneira bem diferente da de Robin. Robin a sentirá profundamente, como uma perda do "caso de amor" do primeiro ano do bebê. Para Chris, será como um florescimento da masculinidade de Wiley. No decorrer da separação, porém, Chris poderá experimentar novamente as lembranças do relacionamento que tivera com o pai — em que a proximidade e a distância alternadas causavam-lhe tanta dor. Agora que Wiley começou a estabelecer uma identidade própria, separada da identidade do pai, Chris será capaz de soltá-lo? Senti que ele já se apegava a Wiley de maneira um tanto intensa. Talvez Robin perceba esse apego e termine por sentir-se ainda mais excluída.

Não é coincidência o surgimento da rivalidade entre os pais nesse período do desenvolvimento da criança. A luta da criança por autonomia alimenta a rivalidade. Uma dependência maior é percebida em todas as crianças pouco antes do início da separação do segundo ano. Elas choram quando você lhe dá as costas para ir embora, acordam à noite com maior freqüência e agarram-se a você diante de qualquer situação nova. Depois de um ou dois meses, elas estão prontas para desligar-se sem olhar para trás. Mas, enquanto isso, seus conflitos interiores fazem com que se tornem provocadoras e difíceis, capazes até de acessos de cólera. Ao perceber a rivalidade entre os pais, os bebês podem arrastá-los para dentro do conflito. A tarefa dos pais é ver tudo isso como problema da criança, não deles.

Entretanto, os sentimentos de competição, o ciúme que cada pai está sujeito a sentir nesse período de intenso ajustamento, servem a um propósito. Quando um bebê se apega primeiro a um dos pais e depois ao outro, o pai rejeitado está aprendendo a desligar-se dele. Em breve, Wiley começará a ignorar Chris e a se apegar a Robin. Suas ligações continuarão a se alternar. É desse modo que Wiley e os pais aprenderão a dor e a paixão da separação.

PERGUNTAS COMUNS

Pergunta Por que as crianças às vezes se apegam a um dos pais e depois ao outro?

Dr. Brazelton Elas se identificam tão apaixonadamente com um dos pais, que precisam excluir o outro. Mais tarde, voltam toda a atenção para o outro pai e excluem o primeiro.

Pergunta Numa família em que o pai cuida do bebê e a mãe trabalha fora, a identidade sexual do bebê pode ser afetada?

Dr. Brazelton Seria bom se as crianças de tais famílias tivessem um leque de opções mais amplo, onde o papel daquele que cria e daquele que trabalha pudesse ser desempenhado tanto pelo homem quanto pela mulher. Se os pais lhes mostrarem que o homem e a mulher podem ser eficientes em ambos os papéis, essas crianças serão bastante favorecidas.

Pergunta Temos um problema quanto ao modo de cuidarmos de nossa filha. Quando estou cuidando dela, faço coisas totalmente diferentes das que minha esposa faria. Por exemplo, acho que deveríamos deixá-la chorar até dormir, mas minha esposa acha isso muito cruel. Como podemos resolver o problema? E que efeito isso terá sobre nossa filha?

Dr. Brazelton Essas diferenças são comuns. Procurem não discutir por causa delas. A tensão entre vocês é que poderia ser prejudicial. Cada um de vocês pode lidar de modo inteiramente diferente com sua filha — ela conseguirá descobrir o que deve esperar de cada um. Se souber que vocês se interessam por ela e que não estão enterrados em conflitos, a criança poderá distinguir entre dois conjuntos diferentes de comportamento e expectativas. Quanto à questão do sono, leia o que escrevi sobre o sono em *To Listen to a Child.* Talvez vocês consigam entrar em acordo quanto às ocasiões em que devem ou não acudi-la. Se não conseguirem, revezem-se a cada noite.

Pergunta Conosco o problema é o mesmo. Acho que meu trabalho diurno é cuidar do bebê, e quando meu marido volta para casa e passa a cuidar dele, fico com receio de que se saia melhor do que eu. Assim, para evitar que isso aconteça, fico corrigindo a maneira como ele troca as fraldas, ou então não aprovo o alimento que ele dá ao bebê. Meu marido vive recebendo elogios por ser um bom pai. As mães nunca são elogiadas. As pessoas já esperam isso de nós.

Dr. Brazelton Se quer que ele continue dedicado, não fique fiscalizando. Pode ser injusto, mas, no momento, o que se espera é que as mães sejam responsáveis, e os pais, um complemento. As crianças percebem isso e geralmente recorrem primeiro à mãe, e ao pai apenas como um reforço. As recompensas de ser a pessoa responsável contrabalançam a situação.

Pergunta Havia menos rivalidade entre os cônjuges em sua geração em comparação à nossa, agora que o pai participa mais?

Dr. Brazelton Nunca expressávamos abertamente nossas rivalidades, e por isso elas eram mais destrutivas. Quase nenhum de nós empenhava-se em participar de maneira mais ativa na criação dos filhos. Eu gostaria de ter-me envolvido muito mais, mas, mesmo sendo pediatra, sentia-me inseguro e achava que isso era serviço para as mulheres e que elas faziam tudo melhor. Não permita que isso lhe aconteça. É claro que existe rivalidade quando a mãe e o pai participam da criação, mas hoje pode-se fazer face ao problema mais abertamente. Com isso, os pais podem poupar mais energia e dirigi-la para o bebê.

Pergunta Às vezes, eu e meu marido usamos a criança como pretexto para briga. Como resolver esse problema?

Dr. Brazelton Sua preocupação tem fundamento. Usar as crianças desse jeito pode assustá-las. Sugiro que vocês discutam suas diferenças abertamente, sem a presença das crianças. Vocês não precisam estar de acordo quanto ao modo de lidar com elas, mas sem dúvida precisam apoiar-se mutuamente.

Pergunta Assim que se consegue arranjar um jeito de passar algum tempo exclusivamente com cada uma das crianças, de que maneira distribuir o tempo que passamos como família e como marido e mulher?

Dr. Brazelton Talvez você tenha de programar cada um deles. Agora que existem muitas famílias em que ambos os cônjuges trabalham, as pressões do tempo são enormes. Organize-se de tal modo que cada um desses relacionamentos importantes de sua vida tenha seu momento a cada semana. Contrate uma babá, ou então providencie o que for necessário. É um investimento para o futuro.

Pergunta Ainda não vejo como a rivalidade pode ser importante para uma criança.

Dr. Brazelton Pode, se for compreendida e se não se tornar destrutiva. A rivalidade mobiliza energia e mostra que a criança é a prioridade máxima para ambos. Uma criança que cresce sabendo disso crescerá segura.

Ser avô

VISITA AO CONSULTÓRIO

Robin e Chris iam fazer uma viagem de férias, e a mãe de Robin, ''Bommer'', ia ficar com o menino. Ela veio ao consultório com Robin antes da partida. Como sempre, Robin receava deixar o filho. No entanto, estava claro que Wiley e a avó se davam muito bem.

Dr. Brazelton Ele hoje está manhoso, não é, Robin?

Robin assentiu com um gesto de cabeça. Era óbvio que Wiley a provocava para ver até onde podia chegar, ora afagando Robin ora esquivando-se dela. Enquanto falávamos sobre a viagem, ele subiu no colo dela, ignorando os sorrisos da avó.

Dr. Brazelton É, parece que ele quer ficar bem perto de você até a partida.

Nesse instante, Bommer procurou desviar a atenção de Wiley falando-lhe sobre um passeio na praia.

Bommer Você se lembra de quando veio me visitar em Cape Cod, e nós fomos ver as gaivotas na praia?

Então, Bommer pôs-se a imitar as aves com os braços e as mãos, usando de tanta graça que ficamos todos fascinados. Distraído, Wiley aproximou-se. Olhando para ele, Bommer descrevia a rebentação das ondas na praia, fazendo a água espargir tal qual o vôo das gaivotas. Maravilhado, Wiley observava os gestos da avó.

Bommer E se você e eu sentássemos nas costas de uma das gaivotas e voássemos também? Voássemos por sobre a água e a terra, sentados bem juntinhos — assim.

Wiley já se aconchegara a ela, o olhar distante, como se sonhasse com uma terra longínqua.

Dr. Brazelton Com o que a senhora se preocupa quando toma conta de seu neto?

Bommer Bem, espero que não aconteça nenhum problema ou acidente.

Dr. Brazelton Preocupa-se também com a idéia de disciplinar o filho de outra pessoa?

Bommer Ah, muito. Não quero ser repreendida. (*Tão típico. As avós muitas vezes têm medo de ser julgadas*)

Dr. Brazelton Acho que é muito importante que todos vocês preparem Wiley para a separação. (*A Bommer*) Não precisa sentir-se tão culpada quando ele estiver mal-humorado e agitado, sem demonstrar muito interesse pela senhora. Isso é normal. Hoje, o simples fato de ele conversar com a senhora já é bom. (*A Robin*) O importante é dizer a ele que você vai embora, mas volta.

Robin parecia estar escutando, mas não olhava para mim e sim para sua mãe e seu filho. Ela pegou Wiley assim que comecei a falar com Bommer. A separação será difícil também para Robin.

Dr. Brazelton (*A Bommer*) Wiley lhe traz recordações de quando Robin tinha dois anos?

Bommer Ah, sim. Muitas. Ela era bastante independente.

Dr. Brazelton A senhora diz isso com uma ponta de aspereza na voz.

Bommer Bem, era difícil não perdê-la de vista, e isso me deu muito trabalho. E, como o senhor vê, Wiley também exige bastante cuidado.

Dr. Brazelton Não seria isso um zelo um tanto excessivo de sua parte?

Bommer Bem... (*Ela fez uma pausa*)

Dr. Brazelton Não há necessidade de se desculpar. Só quero entender o que estava dizendo.

Bommer Acho que sim.

Dr. Brazelton Ainda sente isso hoje?

Bommer (*Rindo*) Sim, com certeza. Em certas situações. (*Ela olha para Robin*)

Robin Entendi a mensagem: a mãe sempre sabe mais. E às vezes sabe mesmo. No entanto, quero fazer a coisa à *minha* maneira. É meu filho, é minha vez.

Mãe e filha estão explorando terreno novo. Elas precisavam de uma nova dose de confiança, e Wiley ajudaria.

Robin — Sinto-me como se tivesse cinco anos outra vez quando falo assim. Isso me faz voltar ao tempo em que era criança e tinha de obter permissão da mãe. (*Uma mãe, mas ainda filha em muitas coisas*)

Dr. Brazelton — Sentir-se controlada incomoda-a?

Bommer — Não *quero* que ela se sinta assim. De qualquer modo, acho que à medida que Robin criar Wiley, irei me afastando aos poucos. (*Uma avó, ansiosa por participar, mas muito cautelosa*)

Robin — Acho que sua influência não diminuirá *nunca*.

Bommer — Obrigada.

Robin — Nosso *relacionamento* é a base de muitas coisas, particularmente porque ambas somos mães.

Dr. Brazelton — E, no entanto, você parece estar se desculpando por querer desaprovar sua mãe.

Robin — Eu realmente me desculpo, às vezes. Mas... sim, é verdade.

Dr. Brazelton — É errado querer desaprovar?

Robin — Não, mas... (*Tanto a mãe quanto a filha temem fazer críticas, sem saberem por quê*) O senhor sabe por que não me defendo e digo: "Quem manda sou eu"?

Dr. Brazelton Não. Por quê?

Robin (*Rindo*) Vamos, mãe. Por quê?

Para que o relacionamento de ambas crescesse, essa história de mãe e filha era natural, até mesmo necessária.

Dr. Brazelton Essa reserva é uma parte muito importante do relacionamento de vocês, mas ambas parecem ter consciência do que está acontecendo. O que *ambas* estão sentindo é o quanto uma precisa da outra. Mas isso faz com que você, Robin, queira ter cinco anos outra vez. Isso é normal. Mas você tem de defender também seu lado adulto. É uma luta difícil. (*A Bommer*) Ela realmente precisa da senhora num momento como este.

Bommer É uma nova realização para ela, e isso me deixa feliz.

Dr. Brazelton E eu até sei onde ela conseguiu esse jeito adorável de cuidar do filho.

Bommer É herança.

Dr. Brazelton Maravilhoso, não é?

OS PROBLEMAS

Os avós servem a muitos propósitos para a criança, aos quais os pais não podem servir. No entanto, como vimos no caso de Robin, os pais sentem ciúme quando vêem seu filho cativado por seus próprios pais. A ameaça de tornar-se dependente outra vez, a dor de partilhar o afeto da criança, são sentidos profundamente. Isso naturalmente é contrabalançado pelos sentimentos afetuosos de segurança e alívio. É reconfortador saber que se pode contar com o apoio de um avô. Houve finais de semana em que cuidamos do bebê de nossa filha para que ela e o marido pudessem dormir à vontade por dezoito horas. Apesar do alívio que isso lhes proporcionava depois de tantas noites maldormidas, eles ainda questionavam: "Ele sentiu minha falta? Vocês trocaram as fraldas quando foi preciso? Observaram o horário da sesta dele? Ele comeu bastante?" Através dessas perguntas, eles mantinham um senso de continuidade com o bebê. Por trás dessas perguntas, percebemos o mesmo tipo de competição que observamos entre Robin e Bommer. Os avós podem pôr em risco o senso de competência dos pais. Quanto melhores tenham sido os avós como pais, maior a ameaça.

Quando pergunto a futuros pais se permitirão que seus pais os ajudem com o novo bebê, alguns dizem: "Nunca." Quando pergunto por quê, eles respondem: "Eles nos diriam o que fazer. E nós queremos fazer tudo à nossa maneira." Às vezes saliento que se os avós disserem "é assim que se faz", e eles responderem "eu nunca faria desse jeito", eles terão iluminado um pouco mais seu próprio caminho. Ao mesmo tempo, porém, apóio a decisão deles, pois precisam encontrar o próprio caminho e em ritmo próprio. Numa situação assim, um avô sensível dirá: "Voltarei mais tarde, quando precisarem de mim, quando tiverem descoberto seu próprio caminho e cometido seus próprios erros. Não quero me intrometer. Quero que descubram suas próprias respostas." É raro hoje em dia os jovens verem os pais como um espelho refletindo o passado e voltado para o futuro, representando experiência e um repositório de valores culturais. Em nossa cultura, baseada na família nuclear, cada geração nova busca seus *próprios* valores, mesmo que essa seja uma busca solitária. Sem o apoio da última geração, famílias jovens podem sentir-se angustiadas e perdidas.

Agora que na maioria das famílias o pai e a mãe trabalham, a ajuda dos avós faz-se mais necessária do que nunca. Mas os avós têm sua própria vida, e muitas vezes ambos trabalham também. A mesma mãe que quer descobrir seu próprio caminho pode dizer: ''Gostaria que minha mãe estivesse por perto para eu poder deixar meu bebê com ela.'' Quando há uma distância muito grande entre as gerações, pode-se criar uma imagem romântica dos avós prestativos. Deixar um bebê com um parente próximo qualquer pode criar tensões, a menos que todos os membros da família empenhem-se em evitá-las. Curiosamente, deixar o bebê com alguém que não seja da família é muito mais fácil. Com um avô, os pais são mais propensos a imaginar: ''Será que ele vai amar mais a vovó se eu ficar fora o dia inteiro?'' Os conflitos não solucionados dos próprios pais podem interferir com sua autoconfiança, como aconteceu no caso de Robin.

Mas os avós têm muito a oferecer. Estão fora do conflito edípico imediato e dão uma perspectiva correta aos dramas íntimos da família. Não têm de ser autoritários como os pais. Podem ser indulgentes sem se preocuparem com precedentes que deverão ser rompidos depois. Podem ser liberais e descontraídos, enquanto os pais têm de se preocupar com os horários e a disciplina da família. Não é de admirar que os pais sintam ciúmes! As gerações deveriam entrar em acordo quanto a algumas regras básicas.

Os avós mostram às crianças o topo das montanhas, enquanto que os pais lhes ensinam as obrigações enfadonhas necessárias para se chegar até lá. Minha avó era uma figura mágica para mim. Costumava contar-me histórias que se tornaram parte de meus sonhos. Eu queria tanto agradar a ela que, quando disse ''Berry se dá tão bem com bebês'', ela me abriu as portas para minha atual profissão. Continuei a manter o desejo de agradá-la, e ainda hoje a ouço quando alguém me diz: ''Você se dá tão bem com bebês.'' Espero que ela também ouça isso. É claro que minha mãe tinha ciúmes de minha avó, mas ela estava errada. Eu precisava de ambas — para coisas diferentes.

Uma avó como Bommer pode proporcionar toda uma nova fonte de experiências. Pode apreciar o negativismo de Wiley; pode perceber o valor do espírito dele. Se mantiver afastados os sentimentos críticos e evitar dizer a Robin: "Se você ao menos fizesse tal e tal coisa, ele não seria assim", ela poderá oferecer uma perspectiva neutra a toda a família. Os avós devem sempre tentar olhar o outro lado da moeda, procurar o outro lado do processo de desenvolvimento que pais e filhos estão enfrentando.

Os avós também podem expressar o que sua família representa permitindo que as crianças entrem em suas vidas e em seu passado. Valores familiares sólidos são transmitidos através do exemplo e da identificação. Como seres humanos, nossa infância prolongada nos proporciona uma chance de aprender os valores de nossa cultura e de nossas famílias e a chance de incorporá-los em conformidade com nosso ritmo próprio, através de tentativa e erro. Uma história de contato prolongado com os avós dá às crianças uma chance de, ao mesmo tempo, absorver e pôr à prova as forças, os princípios e as crenças que caracterizam na família.

SUGESTÕES PARA OS AVÓS

Muitos avós perguntam-se o que fazer para serem importantes para os netos e úteis a seus filhos, os pais. Aqui estão boas maneiras de começar.

Antes de mais nada, mantenha-se firme em seu papel singular. Você não é pai da criança, nem precisa ser. Se puder demonstrar aprovação, ser alguém que se encanta de modo dedicado com a criança, que oferece uma fonte confiável de apoio aos pais, você se tornará importante para ambas as gerações. Não dói conversar com os pais sobre limites para as concessões e indulgências. Eles podem se ressentir por você ser muito generoso e liberal. Mas eles certamente apreciarão o apoio que você proporciona em momentos de tensão.

Ofereça-se regularmente para olhar a criança, em ocasiões em que eles precisem de você. Se você puder cuidar do bebê para evitar que ele seja deixado em escolas maternais, ou então cuidar das crianças mais velhas depois das aulas, os pais que trabalham fora ficarão eternamente gratos. Caso não possa, ofereça-se regularmente para as noites de sábado. Ou então convide-os para jantar no domingo. Ainda me lembro dos domingos na casa de meus sogros, quando nossos filhos eram pequenos, como uma ilha no meio do caos semanal de nossas vidas. Queixávamo-nos por ter de acordar cedo nas manhãs de domingo, mas adorávamos as esplêndidas refeições com a família e a liberdade de deixar os garotos à tarde enquanto passeávamos juntos pela Boston Common.

Ofereça sua casa e encarregue-se das reuniões de feriado. Embora todos reclamem das dificuldades práticas de uma reunião, essa é uma das poucas maneiras significativas de manter a família em contato com os parentes mais próximos. Ignore todas as objeções de seus filhos e diga: "Vamos fazer a reunião e esperamos que venham. Queremos a presença de vocês." As crianças sempre adoecem no Natal ou na Páscoa. Tranqüilize os pais: "Traga-os e nós cuidaremos deles." O pais sempre acham difícil pedir licença no Chanukah (Festa da Dedicação judaica). Lembre-se de que os feriados foram feitos para ser comemorados. Procure enfatizar a idéia de reunião e o divertimento, não a logística. Alguns avós começam a preocupar-se com a mecânica dos feriados bem antes do Natal. É claro que haverá tensão para todas as três gerações. Todos ficarão nervosos e descarregarão a tensão nos outros. Mas as lembranças dos bons momentos permanecerão. Recentemente, recebemos 24 membros da família para a ceia de Natal em nossa casa. Eu e minha esposa ficamos exaustos com a experiência. Mas sei que são coisas assim que meus avós fizeram para que eu guardasse uma lembrança da família como unida e dedicada. Espero que meus filhos façam isso para os filhos deles. Meus primos e eu ainda nos visitamos quando é preciso, porque nossos avós fizeram com que fosse assim. Somos uma família em que os membros mantêm contato, e nos orgulhamos disso.

Faça rituais de seus encontros com os netos. Dê-lhes um brinquedo apropriado para a idade, mesmo fora do Natal ou do aniversário. Leve-os para passear num museu, restaurante ou parque especial. Reserve então um momento em que possa ficar sozinho com cada um dos netos para que possam conversar ou simplesmente ficarem juntos. A maioria das crianças adora ouvir falar sobre como eram os pais quando tinham sua idade. Gostam de ouvir sobre "antigamente". Essa é sua chance de dar a elas um senso de história familiar. Sempre inventei histórias meio fantasiosas para meus filhos em viagens demoradas. Para meus netos, pretendo inventar histórias sobre vaqueiros ou os dias de sobrevivência no Texas, quando eu tinha a idade deles. Elas não terão de ser necessariamente verdadeiras, mas também não serão falsas, e viveremos todos juntos na fantasia.

Não diga a seus filhos o que fazer — especialmente diante dos netos. O maior problema é que você terá sentimentos tão fortes em relação aos netos que sentirá necessidade de protegê-los. Depreciar os pais na frente deles *nunca* é bom para as crianças. Isso meramente fortalece a rebeldia dos filhos e tende a estabelecer tensões entre pais e filhos. É claro que você desejará tornar as coisas perfeitas para seus netos. Provavelmente, as áreas mais sensíveis serão aquelas em que você sentir que cometeu um erro com seus filhos o qual gostaria de corrigir. Mas você não mudará nada com sua interferência. Se seus sentimentos a respeito foram muito fortes, chame os pais de lado e discuta a questão de modo calmo e aberto, escutando o ponto de vista deles. Mas se fizer isso em demasia, ou de maneira autoritária, só conseguirá reforçar a insegurança de seus filhos como pais. Eles resistirão e ficarão ressentidos com sua intrusão. Se puder apoiá-los, é muito mais provável que eles recorram a você quando precisarem de conselhos.

Ofereça a ambas as gerações um refúgio emocional e estabilidade. Isso significa que você terá muitas vezes de manter a boca fechada, mesmo quando achar que poderia oferecer uma solução simples. Os avós não precisam mais ser pais, e tampouco são professores. É essa a deliciosa liberdade do papel deles. Simplesmente sentar e relaxar em meio ao caos. Deixe que eles venham até você. Você pode oferecer consolo, amor familiar, experiência, abraços e uma sensação de força e estabilidade a cada membro da família. Os pais têm de ser os disciplinadores. Num sentido direto, é melhor deixar o ensino a eles e aos professores. Você pode oferecer aos filhos um senso de costumes de família e de sabedoria *quando eles* pedirem. Eles aprenderão sempre que estiverem com você, mas através do exemplo. Seus netos aprenderão mais modelando a si mesmos baseados em você do que com instruções ou conselhos que você possa oferecer a eles ou aos pais. Seja a pessoa de quem você quer que eles se lembrem.

Não se precipite sobre crianças pequenas, se não quiser que elas se retraiam. Olhar bebês ou crianças pequenas diretamente no rosto quando as vê pela primeira vez é como um ataque, e elas provavelmente reagirão de maneira excessiva. Nunca as arranque dos braços dos pais — a segurança daqueles braços é extremamente vital. Se você simplesmente fitar os pais e esperar que a criança o solicite, em pouco tempo você a terá cativado. O espaço pessoal dela é por demais precioso. Quanto mais ansiosa estiver com sua chegada, mais exageradamente ela reagirá, retraindo-se quando você finalmente chegar. Muitas vezes levo um brinquedo no bolso. Então, simplesmente olho para além da criancinha, com o brinquedo balançando na mão, de modo que, para pegá-lo, ela tem de se aproximar. À medida que chega mais perto, faço com que perceba que ultrapassou o limite de segurança. Espero então que olhe para mim em busca de aprovação para pegar o brinquedo. Então falo calmamente com ela — ainda sem grudar os olhos em seu rosto. É muito fácil assoberbar uma criança excitada e cautelosa. Depois de perceber que sua ansiedade diminuiu, sei que posso me aproximar. Por fim, os avós podem ter certeza de que os netos se esforçarão para conseguir a atenção deles. Você tem tempo de sobra.

Mantenha-se envolvido quando estiver longe:

- Envie cartões postais e retratos adequados à idade de seu neto. Mande uma cópia de uma foto do pai dele quando tinha a mesma idade. Isso sempre fascina a criança.
- Cartões e presentes de aniversário — especialmente os que você faz — podem se tornar um símbolo dos avós.
- Use o telefone para dizer olá ou para oferecer congratulações por pequenos triunfos.
- As fitas de vídeo são uma nova maneira de comunicação. Todas as crianças adoram ver numa tela de televisão alguém que conhecem.
- Faça visitas regulares, mas por períodos curtos. Três dias podem ser um tempo de visita ótimo. Se ficar mais tempo, assegure-se de que não esgotará os sentimentos de boas-vindas para com você. Ponha mãos à obra e ajude no trabalho doméstico e com as crianças. Tente levar a família para jantar fora ou ao cinema. Faça uma festinha em algum momento da visita.
- Mantenha-se em contato com as alegrias e os interesses particulares de cada neto e encoraje tais alegrias e interesses com pequenas oferendas de pedras, livros, recortes ou fotografias, e congratulações nos momentos oportunos.

PERGUNTAS COMUNS

Pergunta Minha mãe vive conosco, e o problema de revertermos o relacionamento mãe-criança é uma preocupação constante. Como posso fazer meus filhos entenderem que quem manda sou eu sem ofendê-la?

Dr. Brazelton Se conseguirem fazer isso sem muita tensão, vocês são três gerações privilegiadas. Acho realmente importante seu filho saber que você é a autoridade final, e para tanto basta você tomar as decisões, que cabe a você tomar. Se isso aborrecer sua mãe, converse com ela a respeito, longe das crianças.

Pergunta O que devo fazer quando toda a família está reunida — todas as três gerações — e uma das crianças fica malcomportada, passando a incomodar todo mundo? Devo corrigi-la na frente de minha filha ou devo esperar?

Dr. Brazelton Minha sugestão é que você, como avó, deve continuar quieta e deixar isso para os pais. Se se intrometer, irá apenas perturbá-los. Eles ou terão uma reação exagerada ou farão pouco caso. Se isso não acontecer, depois que tudo estiver acabado, você pode dizer a sua filha que, quando uma das crianças não se comportar, é ela quem está no comando. Diga que não quer que sua simples presença confunda as crianças.

Pergunta Como uma criança concilia a liberalidade e as indulgências dos avós com as normas e os limites dos pais?

Dr. Brazelton A criança percebe a diferença bem cedo. Se ambas as gerações estiverem certas quanto ao papel que devem desempenhar em relação à criança, ela aprenderá a se comportar com os pais e com os avós. Quando ela a provocar, diga-lhe: "Você pode fazer isso com a vovó porque ela é sua avó! Eu sou a mamãe, e você sabe que não pode fazer isso comigo." Isso pode ser difícil, pois a mãe sente-se muito má e imagina que a criança irá compará-la desfavoravelmente com a avó indulgente. Lembre-se de que a disciplina é um dos componentes principais da paternidade. Limites coerentes e firmes propiciam segurança à criança.

Pergunta Tenho uma linda neta de três anos. Ela vem a minha casa quase todos os dias, e, assim, sou muito apegada a ela, especialmente depois que me aposentei e passei a ter mais tempo para brincar com ela e coisas assim. Mas minha filha vai ter outro bebê. Fico imaginando como vou conseguir ter com o novo neto o mesmo relacionamento que tenho com minha primeira neta. Para mim, só um dos netos deve ser especial; os outros a gente ama, e nada mais.

Dr. Brazelton Uma bela declaração de avó. É claro que ela sempre será *a* neta especial e saberá disso. Não é mesmo muita sorte? Ela se sentirá apoiada na competição com o novo irmão. Você coloca em palavras o que todo pai sente a respeito de um novo bebê: "Como conseguirei amá-lo tanto?" Você conseguirá, mas vai amá-lo de um modo diferente. Ter uma avó tão atenciosa é como ter uma fortuna no banco.

Pergunta Que herança os avós podem legar aos netos — sem ser dinheiro?

Dr. Brazelton Amor incondicional. Os avós podem se dar o luxo de permitir que a criança os ponha à prova, que experimente com eles coisas que os pais têm de reprimir logo no início. Ao escutá-los e compreendê-los, você lhes propicia a noção de serem amados pelo que são, não por suas realizações. Além disso, você também lhes transmite valores culturais e familiares que são mais importantes que dinheiro.

Pergunta Queremos realmente passar aniversários e feriados com nossos filhos. Mas, se eles não nos convidam, como podemos resolver isso sem nos intrometermos?

Dr. Brazelton Se isso acontecesse comigo, eu os convidaria para ir a minha casa ou diria que quero ir à deles. É importante para eles, assim como para você. Eu simplesmente ignoraria o descuido e suporia que eles precisam de você e querem você. Mas, quando visitá-los, não abuse da hospitalidade deles. Faça uma visita breve e ofereça ajuda. Sua presença é vital e simbólica nessas ocasiões importantes.

Pergunta O que o senhor acha de avós como babás?

Dr. Brazelton Maravilhosos. São os melhores. Cuidar das crianças com tanta freqüência e regularidade quanto possível faz com que vocês se conheçam melhor. Em tais ocasiões, você preenche uma falta necessária na família nuclear. Você talvez ache seus filhos um tanto ingratos, pois sua presença pode ser mais ameaçadora que a de uma pessoa paga e de quem as crianças não gostam tanto. As crianças são muito espertas na hora de manipular os pais com frases como ''o que a vovó faz'' ou ''*ela* me deixa ir pra cama tarde''. Portanto, eu reconheceria que isso é complicado para seus filhos e os lembraria de que quem manda são eles. *Escute-os* em vez de dizer-lhes o que fazer. Os pais agora são eles.

Pergunta Vivemos na Costa Leste e minha família e a de meu marido vivem na Costa Oeste; assim, embora nós os visitemos, é difícil inculcar nas crianças o senso de família. Não posso telefonar para minha mãe e dizer: "Pode vir até aqui e cuidar um pouco dos meninos?" Como estimular esse sentimento quando a distância é tão grande?

Dr. Brazelton Telefone regularmente, junto com as crianças. Faça-as escrever de vez em quando. E faça o possível para celebrar com os avós os feriados mais importantes. Qualquer que seja o custo, o investimento vale a pena a longo prazo. As crianças precisam saber que têm parentes próximos e pessoas que gostam delas que não são "apenas pais". Avós, tios e tias são uma verdadeira dádiva para o futuro de seus filhos.

Pergunta Quando criança, ao visitar meus avós em outro Estado, eu adorava ir ao quarto de meu pai. Eles deixaram os brinquedos exatamente como no tempo em que ele era criança, como se fossem as coisas mais preciosas da Terra. Meus pais fizeram o mesmo, e adoro levar meus filhos à casa deles. Minha filha pega uma boneca qualquer, que já não tem muito interesse para mim, e acha que é a coisa mais valiosa do mundo.

Dr. Brazelton Ela dá valor à boneca por causa da ligação com seu passado. Quando criança, eu adorava sentar-me aos pés de um de meus avós e dizer: "Agora me conte alguma coisa sobre antigamente." Isso estabelece uma ligação da criança com sua própria história e é bem mais romântica que a televisão.

Pergunta Somos imigrantes neste país e a maior parte da família está na Índia. Eles nos visitam, mas nós nos comunicamos mais por fotos.

Dr. Brazelton Manter o contato é ainda mais difícil quando se muda de país. Crescer nos Estados Unidos como minoria, sem compreender a força e a beleza de sua cultura, seria deixar seus filhos sem raízes. Toda criança de um grupo minoritário merece todo o conhecimento que os pais puderem lhe oferecer sobre sua herança, e todos os vínculos possíveis com o resto da família. Retratos, cartas e até mesmo gravações que possam ser trocadas são maneiras maravilhosas de preservar os vínculos. Eu também faria o possível para que as crianças fossem bilíngües.

Pergunta Meus pais e sogros vivem na mesma cidade que nós, e nossa filha de dois anos é a única neta deles que mora na cidade. Em todos os feriados, temos de ir à casa de meus pais e depois à de meus sogros, tentando passar nelas o mesmo espaço de tempo. É duro.

Dr. Brazelton Mas é muito importante para vocês, assim como para cada grupo de avós. Sua filha pode sentir-se meio jogada de um lado para o outro, mas ela é uma garota de sorte, e eu lhe mostraria quantas pessoas se importam com ela.

A família Cutler revisitada

Dirigindo pelo interior para visitar os Cutler, fiquei imaginando como uma mãe conseguia viajar durante uma hora para trabalhar, como Robin fizera. Ela me contara que costumava chegar em casa sempre depois de Wiley ter jantado, e que saía para o trabalho antes de ele tomar o café da manhã, triste por não poder dedicar um tempo maior ao filho. Durante esse tempo, Chris, que havia trocado o emprego anterior por um mais próximo de casa, encarregava-se de uma boa parte dos cuidados com o filho. Naquela época, Robin dirigia sua própria firma de consultoria de decoração, e o trabalho era por demais absorvente e recompensador para ela desistir dele. Agora eles haviam adotado um segundo bebê, e eu imaginava como estaria a constelação familiar. Eu soubera que Chris tivera de dedicar-se mais ao emprego no decorrer desse período. Administrador de um grande hospital-escola em Worcester, ele agora enfrentava a tarefa de incorporar três hospitais locais de menor porte à instituição maior, um grande desafio. Estaria disposto a diminuir o tempo de trabalho, como fizera quando Wiley era bebê?

Quando cheguei à bela e moderna casa na floresta perto de Worcester, pude ver outro motivo para que Robin se mostrasse disposta a percorrer uma distância tão longa para ir e voltar ao trabalho. A casa era tranqüila, espaçosa e elegante, muito bem iluminada. Uma família jovem não poderia ter uma casa como essa perto de uma cidade grande. Encontrei Wiley, agora com cinco anos, na porta, esperando por mim, embora já devesse estar na cama. Era o mesmo garotinho cativante que eu conhecera, embora mais alto e esbelto. Apesar de adotado, parecia-se muito com o pai. Wiley recebeu-me com um largo sorriso, como se eu fosse um amigo de confiança e de longa data: "Ganhamos o Sam!" Sam, um bebê de dois anos e meio, fora adotado ainda recém-nascido, e nascera ali mesmo, em Worcester, que tem uma das taxas mais altas de mães solteiras adolescentes do país. A maioria dessas jovens não quer ficar com os bebês, mas de certo querem escolher a família que os receberá. Apesar de não serem apresentadas aos pais adotivos, elas recebem informações suficientes sobre o local onde o bebê será criado. Oferecer uma possibilidade de escolha a essas mães e dar de imediato um bom lar ao bebê — evitando a costumeira espera de quatro meses num lar provisório — é o que se chama "adoção ideal". As assistentes sociais que trabalham com as mães adolescentes tornam-se o contato entre a mãe natural e a família adotiva.

Não é de admirar que a mãe natural de Sam tenha escolhido os Cutler. Eles são estáveis e bem-sucedidos; acima de tudo, são dedicados e carinhosos. Wiley, na condição de irmão mais velho, prova isso — é atencioso e seguro de si. Ele me conquistou novamente com sua acolhida calorosa. Sua segunda declaração a mim foi: "Bommer veio só para ver o senhor."

Se estivesse em dúvida quanto a dar o bebê a essa família, a mãe logo se resolveria ao conhecer Bommer. Ela é a avó ideal. Após ter visto seu relacionamento com Wiley, tentei imitá-la com meus netos. Ela oferecia a Wiley um mundo de sonhos, ao qual nenhum garotinho conseguiria resistir. Eu dissera à família que estava ansioso pelo próximo encontro, e Wiley sabia disso. Ela viera de Cape Cod para estar presente durante a minha visita. Wiley deu-lhe a mão, e os dois me conduziram à sala de estar de dois níveis.

Atenciosos, os Cutler haviam preparado um local para que eu os entrevistasse, pondo até mesmo comida à minha disposição. Novamente, senti-me muito íntimo deles. Haviam providenciado inclusive um colchonete onde Wiley poderia dormir, "para ele não perder nada". Assim, ele poderia participar por quanto tempo quisesse e depois dormir sem ter de ir embora. Ele sabia que seria o tema da conversa, e os pais respeitavam seu sentimento.

Wiley mostrou-me seu caderno escolar e os desenhos que fizera enquanto esperava por mim. Conduziu a entrevista, dizendo-me sobre o que gostaria de conversar e interrompendo quando eu me desviava do assunto. Ele me observava cuidadosamente para ver como eu reagia a seus comentários. Era óbvio que queria me agradar. Quando comentamos como ele crescera, ele disse com ar sério: "Mas é claro. Fiquei mais velho." Quando falamos sobre Sam, ele disse: "Ficamos contentes quando ele veio. Nós dois fomos adotados, o senhor sabe." Seus comentários eram sérios, e senti que refletiam o grau de comunicação que ele tivera com os pais sobre o que eu poderia perguntar-lhe. Percebi que ele confiava em mim, pois raramente olhava para os pais em busca de encorajamento. À medida que conversávamos, ele parecia ficar mais à vontade. Depois de alguns minutos, abandonou sua postura um tanto formal e começou a se remexer e a escorregar pela cadeira. Concluí então que éramos amigos. Ele passou a me contar mais coisas sobre a escola e os colegas. Demonstrando um senso de humor maravilhoso, seu sorriso era espantosamente parecido com o do pai. Ele tinha o mesmo brilho no olhar e o mesmo jeito de erguer um dos cantos da boca. Mais uma vez fiquei impressionado com a segurança de Wiley em relação a sua masculinidade e à imagem que tinha dc si mesmo, e com a firmeza com que se identificava com Chris.

Quando avalio uma criança que não conheço, procuro esses sinais de identificação e de apego aos pais. Quando entro na sala, vejo se ela transmite segurança em seu andar; se imita um dos pais no modo de andar ou nos gestos; ao que recorre quando está sob tensão — aos pais, a seu cobertor ou outro objeto de estimação, ou ao dedo; se consegue dominar por si mesma e com tranqüilidade uma situação nova; se tem senso de humor — um dos sinais mais evidentes de tensão na criança é a perda da capacidade de rir do mundo e de si mesma; se me cativa. Se me cativa, vejo se é porque tenho vontade de acarinhá-la e protegê-la, ou se é porque aprecio e admiro o senso de identidade que ela tem. Vejo, enfim, se as outras crianças gostam dela, e se ela tenta agradá-las. Uma criança que está passando por um momento difícil muitas vezes é evitada por outras crianças, pois elas percebem essa perturbação.

Wiley tinha todos os atributos positivos, e pude sentir a dedicação e o apego que tinha por todos a sua volta. A certa altura da conversa, ele saiu do seu lugar à mesa, puxou uma cadeira para perto de mim e mostrou-me retratos de Sam, já que "ele está dormindo e o senhor não vai vê-lo". Ele conquistou meu coração. Eu disse: "Mas, Wiley, tenho a impressão de que às vezes ele é bem chato." Wiley olhou para mim com seriedade. À medida que prosseguíamos com a conversa, ele me observava, como se quisesse ver até que ponto poderia confiar em mim. Então, arriscou: "Às vezes eu queria que mandassem ele de volta." Senti que agora estávamos nos comunicando. Tentei pressioná-lo um pouco mais, só que ele havia chegado a seu limite. Mudou de assunto, apontando outro retrato do álbum. No retrato seguinte, ele tentou me mostrar como Sam era engraçado. Já mostrara ao máximo seu conflito interior. Não era próprio de Wiley reclamar ou demonstrar seus sentimentos com muita facilidade. Seus pensamentos e sentimentos eram profundos. Ele refreava todos seus sentimentos negativos e lidava com eles sozinho. Conseguia exibir uma aparência exterior alegre, com a qual obtinha uma resposta de todos a seu redor. Isso lhe custava muito? Superficialmente, ele sem dúvida estava à vontade; era encantador e conquistava o coração das pessoas. A meu ver, talvez devesse ser menos obediente. Eu esperava que ele conseguisse aprender a exteriorizar alguns de seus sentimentos, de maneira que eles não lhe custassem muito.

Chris e Robin tinham consciência da reserva de Wiley. Sam era bem diferente, mostrando a eles que nem todas as crianças eram como Wiley. Sam era vigoroso e expansivo em suas exigências, provocando constantemente o irmão mais velho. Wiley, por seu lado, procurava ocultar seus sentimentos a respeito do irmãozinho agressivo e provocador. Enquanto Wiley tentava agradar a todos, Sam não se detinha diante de nada para conseguir o que queria. A ênfase no aspecto físico era tão pronunciado, que quase nos surpreendíamos quando ele pensava ou falava. Robin comentou a diferença: "Graças a Deus, ele é inteligente. Pode não se perceber quando ele se mostra tão ativo e agressivo. Quando ele deixa que percebam é que se vê que ele tem uma cabecinha rápida e instigante." Simplesmente por seu modo de falar percebi que ela compreendia e relacionava-se bem com Sam.

Conversamos sobre as diferenças entre os dois garotos. Wiley, tal qual o pai, guardava seus sentimentos para si mesmo. Quanto a Sam, podíamos dizer que ele "botava tudo pra fora". Essa constelação é comum — o filho mais velho que esconde seus sentimentos e que, na aparência, mostra-se ansioso por agradar, e o segundo filho, mais aberto, direto e agressivo. Salientei a Robin e Chris que talvez fosse sempre fácil compreender Sam e que ele exigiria aquilo de que necessitava de todos à sua volta. Ajustar-se a tensões seria para ele menos custoso que para Wiley. Wiley provavelmente tentaria resolver tudo sozinho. A longo prazo, seria mais difícil compreendê-lo e ajudá-lo quando tivesse problemas. Em compensação, Wiley relacionava-se muito bem com ambos os pais e estava claro que possuía uma auto-imagem bastante segura. Além disso, a profunda identificação de Wiley com o pai significava que Chris teria uma empatia muito forte com o que ele sentisse. Ambos poderiam solucionar os problemas juntos, pois estavam sintonizados. "Mas eu também quero tomar parte nisso", disse Robin. Garanti-lhe que ela participaria. Wiley fitava-a com devoção. De temperamento mais expansivo, Robin poderia ensiná-lo a se abrir e a exteriorizar seus sentimentos. Poderia ensiná-lo a ser tolerante consigo mesmo.

"Na verdade", disse Robin, "Sam está ensinando-o a ser mau. Wiley conta com orgulho histórias sobre a maldade de Sam. É um primeiro passo, não? E ele já começou a manifestar isso em casa. Já começou a bater em Sam, a me responder e até mesmo a gritar e espernear quando fica zangado. É quase como se estivesse imitando Sam. Mas ele sempre presta atenção para ter certeza de que não foi longe demais. Isso ainda é ter demasiada consciência de si mesmo, não é?"

Concordei com ela que Wiley estaria melhor quando deixasse de se preocupar tanto com o que os outros queriam dele, e que Sam constituía uma ótima influência para a obtenção desse equilíbrio. Sam estava ensinando-o a revidar e a ser mau quando necessário. Era importante que ninguém reagisse com muito vigor quando Wiley manifestasse abertamente seus sentimentos. Ele poderia tentar algumas coisas bem agressivas contra Sam e os pais. Ele talvez oscilasse bastante antes de encontrar uma posição intermediária. Suas explosões provavelmente surpreenderiam todos a sua volta, pois destoariam tanto de seu caráter que poderiam até mesmo chocar os pais pela aparente ferocidade. Mas, a longo prazo, seria bom se os pais permitissem que ele experimentasse os limites e fosse tolerante consigo mesmo. Contudo, não deveriam conceder-lhe liberdade completa. A disciplina e os limites lhe dariam segurança, até ele adquirir noções próprias e confortáveis desses elementos. Quando ultrapassasse os limites, seria necessário que lhe dissessem algo como: "Wiley, queremos que você mostre o que sente e que seja agressivo e forte, mas esse é o limite. Basta. Quando não tiver capacidade para se conter, saiba que nós a temos e vamos usá-la." Tal afirmação, feita em tom firme, porém compreensivo, pode ser reconfortadora para uma criança como Wiley. Do contrário, esses "novos" sentimentos agressivos poderiam amedrontá-lo.

A consciência que Wiley tinha dos outros e sua disposição em agradar seriam bastante úteis para ele no futuro. São qualidades comuns em pessoas bem-sucedidas. Portanto, eu certamente não gostaria que ele as perdesse. Mas se ele pudesse contrabalançálas com um senso de como e quando desabafar, elas, no futuro, teriam um custo interno menor para ele. Wiley era maravilhoso. Robin e Chris tinham toda a razão em orgulhar-se quando falavam comigo sobre ele.

''Wiley foi um bebezinho normal'', disse Robin. ''Depois de todo nosso sofrimento para conseguir um filho, mal acreditamos que ele era nosso. Desde o início, ele pareceu perceber que precisávamos compreendê-lo, e ele nos mostrava como. Wiley foi nossa criança mágica, e nos sentimos abençoados.'' Enquanto Robin falava, ambos se inclinaram para a frente, como que querendo me assegurar da sua sinceridade e da gratidão que sentiam por Wiley. Pouco antes, ele se deitara em seu colchão. Havia pego o ursinho de estimação, puxado o cobertor e, enovelando o corpo, adormecera calmamente. Enquanto falavam sobre ele, num tom de voz quase religioso, seus pais o observavam. De fato, aquele belo garotinho adormecido tinha algo de miraculoso.

Existe um conjunto de emoções paternas que nós que trabalhamos com famílias denominamos ''síndrome do Menino Jesus''. Muitos pais sentem-na em relação a um ou outro filho, geralmente o primeiro. Freqüentemente ela é realçada, como no caso de Robin e Chris, pela dificuldade em conceber e produzir o primeiro filho, ou por experiências no passado dos pais que os levam a não esperar um bebê normal e sadio. Mães que foram afastadas da família agarram-se ao primeiro filho como se ele, ou ela, fosse sua salvação. Pais que passaram pela experiência de ter um irmão ou irmã deficiente estão inconscientemente predispostos a ter um bebê imperfeito. Quando o bebê nasce normal, eles o idealizam. Tais crianças recebem em abundância uma atenção que é necessária e bem-vinda, mas que pode estar ligada a uma expectativa de que elas se comportem com perfeição. Bem cedo, essas crianças percebem o quanto têm de agradar aos pais e aprendem a ser superficialmente boas. O custo de tal padrão nem sempre é visível, e ele pode até mesmo não ser pronunciado o suficiente para ocasionar preocupação. A questão a ser feita é: essa criança espera demasiado de si mesma? Ela é muito perfeccionista? Consegue fracassar sem se sentir arrasada?

Robin prosseguiu dizendo que a chegada de Sam os havia trazido de volta à realidade. ''Sam é bem diferente. Nada do romance e do encanto que sentimos com Wiley; é só trabalho duro e ficar imaginando quando é que vou ter tempo para outras coisas em minha vida. Não mais me iludo quanto a ter um terceiro, mesmo que seja 'meu mesmo'. Sam não me deixa outra opção. Ele exige tanto e é tão vigoroso. Às vezes bato nele. *Nunca* pensei que fosse fazer isso. Eu ralho com ele. *Nunca* teria feito isso com Wiley. Não é assim que os pais naturais agem? Acho que é. Com Wiley, nós nos harmonizamos. Eu e Chris queríamos que ele fosse 'nosso'. Isso parece desnecessário com Sam. Nenhum de nós quer admitir que ele é como nós. E, no entanto, ele é. Sinto uma grande afinidade com ele. Sinto-me exatamente como ele. É incrível como podemos amar duas crianças com tanta paixão e de modo tão diferente!''

''Agora não temos mais consciência da distinção entre pais naturais e adotivos'', disse Chris. ''Estamos imersos na tarefa de ser pais. Sam nos faz sentir que conseguimos. Não há nada de encantador nele. Queríamos uma menina, mas quando a assistente social me telefonou no meio de uma conferência importante, não hesitei sequer um segundo. Ele foi trazido num grande furgão azul. Às vezes Wiley diz: 'Chamem aquele furgão para levá-lo de volta!' ''

Robin disse: ''Fiquei em casa com ele. Não quero perder tanto quanto perdi com Wiley. Preciso estar em casa para ambas as crianças. Aquela viagem até o local de trabalho era terrível. Posso fazer meio-período de consultoria aqui mesmo, e assim não vou perder muita coisa com meus filhos.''

Ouvi essa história diversas vezes. Muitos pais acham que podem voltar a trabalhar em período integral depois do primeiro filho, mas não depois do segundo. Querem saborear com o segundo as sensações que perderam com o primeiro, ou então acham que dois dão muito mais trabalho que um. A reavaliação e a decisão de Robin de ficar em casa são comuns.

"Pensei até mesmo em mudar de emprego", disse Robin, "em deixar a decoração de interiores e me tornar professora. Estou pensando em ir para a escola de arte para trabalhar com crianças. Gostaria de brincar, pintar com os dedos, fazer esculturas desarranjadas. Com Sam, aceitei o fato de não ser perfeita. Antes dele, eu receava ler sobre criação de filhos. Por medo de fracassar, não tinha coragem de fazer uma análise rigorosa de mim mesma enquanto mãe. Queria tanto fazer tudo certo com Wiley. Os pais adotivos sentem necessidade de ser perfeitos. Eu tinha medo até mesmo de que os pais dele pensassem que eu fracassara com ele. Não sinto isso com Sam. Ele me dá espaço para o erro. Ele me deu uma segunda chance. Agora, posso ser *eu*."

Enquanto os dois pais descreviam seu grau de envolvimento, pude perceber o quão intimamente cada um deles se identificava com um dos meninos. Robin descrevia a facilidade com que sua personalidade se harmonizava com a de Sam. Eu já sabia que Chris sentia a mesma coisa com Wiley. Cada um dos garotos era feliz por ter dois pais. As relações que mantinham com cada um deles não eram nem melhores nem piores, mas diferentes. Todos os pais têm sentimentos diferentes em relação a cada filho. É uma falácia achar que se deve ter a mesma relação, ou mesmo uma relação equivalente, com todos os filhos. Os relacionamentos importantes são construídos sobre reações tão arraigadas que não podem ser controladas intelectualmente. O que Robin e Chris poderiam fazer era reconhecer e dar valor a isso, para compartilhar a criação de cada um dos garotos de maneira que esses tipos diferentes de relacionamento trouxessem benefícios. Por exemplo, Robin tendia a ser direta e fria ao estabelecer limites para Sam, embora compreendesse os sentimentos dele depois e o consolasse. Terminado o episódio, seria bom ela usar a proximidade com o filho para mostrar a ele que disciplina e limites são importantes. Sam provavelmente aprenderia com facilidade e rapidez através da abordagem direta adotada por ela. Wiley teria maior facilidade em aprender limites com Chris, que poderia mostrar a Wiley que ele mesmo tivera de aprender seus limites quando era criança.

Nesse momento, Bommer apareceu. Ausentara-se até então para eu poder conversar em particular com Chris e Robin. Mas sabia que eu queria ouvir também seu lado da história.

"Como você ganhou esse apelido?", perguntei. "Dos netos mais velhos?"

"Não, foi de Wiley. É verdade, tenho mais dois filhos, homens. Além de Wiley e Sam, tenho uma neta e dois netos. Adoro todos — cada um de modo diferente. Mas acho que Wiley tem um significado especial para mim. Queria muito que Chris e Robin o tivessem. Quando ele chegou, fiquei encantada.

"Ganhei esse apelido quando Wiley tinha um ano e meio. Estávamos assistindo a um show de aviões. Eu disse: 'Veja aquele bombardeiro antigo!' Naquela noite, ele se lembrou das palavras e associou-as comigo. Pegou! Só ele tem um bombardeiro antigo de avó. Eu adoro!"*

Ela me contou que perdera o marido quando os filhos eram pequenos e voltara a estudar. Depois, passara a dar aulas para crianças com dislexia numa escola particular. Um de seus filhos tinha dislexia, razão pela qual escolhera esse tipo de ensino. Criou sozinha os três filhos.

"Tive muitas dificuldades, mas foi estimulante. E, de certo modo, eles criaram-se sozinhos. Isso tem lá suas vantagens. Essas crianças cresceram muito próximas porque não havia outro jeito. Eles sabem cozinhar, limpar, tomar conta de outras pessoas. É claro que vivíamos com dificuldades e tínhamos de trabalhar bastante, mas todos eles aprenderam com isso." Senti nas palavras de Bommer a força e a paixão que ela transmitira aos filhos.

Percebi também que o relacionamento dela com Wiley não sofria a tensão que ela experimentara quando tinha a seu cargo toda a responsabilidade pelos filhos. Um dos prazeres especiais de ser avô é que se pode ser pai sem o peso da responsabilidade. Os avós podem deixar o ensino, a educação, para outra pessoa. Es-

---

1. De *bomber*, bombardeiro em inglês. O segundo *b* não se pronuncia, daí Bommer. (N.T.)

tão livres para apreciar novamente o mundo com o neto e para relaxar e admirar o crescimento da criança.

"Wiley e eu nos damos muito bem", disse Bommer. "Sempre nos demos bem. Nós nos reunimos para tomar chá, passamos horas conversando e sonhando. Tudo o que fazemos é imaginário. Quando brincamos de gangorra, sonhamos que estamos num navio, indo para as ilhas dos Mares do Sul. Dançamos com os nativos. Rimos de nosso jeito de dançar e ficamos imaginando como os nativos são bem melhores nisso. Inventamos canções sobre quase tudo. Eu nunca cantaria com mais ninguém. Também inventamos palavras; às vezes, algumas que ninguém consegue entender. Vivemos num mundo que é só nosso."

Enquanto essa avó extraordinária falava, seus olhos dançavam, e quanta coisa eles comunicavam! Eles me levaram àquele mundo imaginário. Pude perceber que ela oferecia a Wiley uma dimensão de vida que os pais dificilmente podem oferecer. Eu nunca teria me atrevido a ser tão livre e imaginativo com meus filhos. Eu teria medo de tirá-los do mundo "real" com o qual teriam de lidar. Os pais se preocupam quando seus filhos se envolvem demais com um mundo de sonho. Mas ali estava Bommer, atrevendo-se a levar aquele garoto para uma terra exótica, de música e dança, de línguas imaginárias. De que mau gosto e pobreza um programa de televisão seria em comparação. A visão que Wiley tinha do mundo e de suas possibilidades fora ampliada e tornara-se mais estimulante, graças a sua avó adorável. E a dela também:

"O senhor pode perceber como ele enriqueceu minha vida", disse Bommer. "Vim cuidar dele enquanto Chris e Robin iam a uma festa de Ano Novo. Não o coloquei na cama porque queria sua companhia. Nós começamos a tomar resoluções. Wiley tinha só dois anos, mas nós pensamos em dez resoluções cada um. Por fim, ele disse: 'Não estamos numa festa?' 'Estamos', respondi. E ele ajuntou: 'Então eu estou com sede.' Eu lhe dei um pouco de refrigerante. Ele estalou os lábios, sentou-se na poltrona e disse: 'Agora sim posso continuar a conversa!' Eu me esbaldava de rir.

Depois fizemos alguns bolinhos de Natal. Ele ficou tão orgulhoso deles que foi buscar seu cobertor de estimação e mostrou os bolinhos ao cobertor, dizendo: 'Pode olhar, mas não mexa.' Ele é tão sério e tão inteligente. Receio que eu nunca conseguiria sentir algo tão especial por outra criança. Eu me preocupo com isso, mas não muito. Wiley é a minha criança mágica!''

Wiley era mesmo um garoto de sorte. Bommer representava a quarta dimensão que os avós oferecem a uma criança — um mundo onde fantasia e realidade se misturam, uma oportunidade de experimentar sem retaliação e sem qualquer programação de aprendizado. A tarefa dela e de Wiley era compartilhar a mágica do cotidiano — o velho e o jovem juntos.

CAPÍTULO II

A FAMÍLIA COOPER

História da família

Charles Cooper perdera a esposa dois anos antes de nos conhecermos. Na época, sua filha Yolanda tinha dez anos, e o segundo filho, Charles Jr., dois. Ela morreu de câncer, após uma longa doença, à qual "tentou resistir para criar os filhos". Charles tinha veneração por ela. No meio da sua sala de estar há uma fotografia comovente de uma jovem mulher negra com uma expressão séria no rosto.

Charles é policial em Framingham, um rico subúrbio de Boston. É um dos poucos negros na folha de pagamento da cidade. Embora não muito alto, é elegante e musculoso, de boa forma física. Uma parede inteira de seu apartamento está coberta de troféus — ele é campeão de boliche. Eu nem bem o conhecera e já estava impressionado com o vigor de sua personalidade, com sua seriedade e sinceridade. Ele parecia seguro de si, determinado a ser bem-sucedido num mundo branco, nem sempre muito amistoso. Era inegável sua dedicação aos filhos. Enquanto conversava comigo, Charles lançava olhares constantes para Júnior e Yolanda, examinando-lhes as reações. Acolheu carinhosamente o filho de quatro anos quando este subiu em seu colo. Ele se reclinava na direção de Yolanda, de doze anos, ao falar sobre ela. Enquanto falávamos sobre suas preocupações, pude perceber que a memória da esposa tornara-se um modelo para todos eles, encorajando-os a ter aspirações elevadas.

Charles assumira um papel duplo: o de mãe e o de pai. Quando o visitei, pude perceber que ele combina ternura e firmeza, uma mistura de carinho e autoridade. Tudo nele exala força e masculinidade embora com um toque de simpatia e intimidade. Ele é *o pai*, e Júnior e Yolanda sabem disso. Enquanto conversavam comigo, eles o observavam de vez em quando para verificar suas reações.

A mãe de Charles vive com a família. Ela é bem idosa e não pode ajudar muito nos cuidados com a casa ou com as crianças. Charles está tentando colocá-la num asilo, mas está encontrando dificuldades porque ela é negra. Ele falou sobre isso sem rancor, mas percebi sua determinação de vencer a barreira racial.

Charles Cooper pareceu-me um homem de uma força física e moral extraordinária. Está lidando com uma situação que seria acabrunhante para muitos pais. Charles trabalha oito horas na ronda policial noturna. Seu turno é das 23:45 às 8:10, mas ele dá um jeito de passar em casa de manhã bem cedinho, quando acorda as crianças e as manda para a escola. Após sair, às 8:10, ele faz as compras, limpa a casa, lava as roupas e cuida das necessidades da mãe. Se houver tempo antes da volta de Charles Jr., no começo da tarde, ele faz uma sesta. Quando volta para casa, Yolanda encarrega-se dos afazeres enquanto seu pai dorme. Ela prepara o jantar e ajuda na limpeza. À noite, Charles arruma tempo para dedicar-se aos filhos e ajuda-os com a lição de casa.

A perda do pai ou da mãe

VISITA AO LAR

Meu primeiro encontro com a família Cooper foi na casa deles, quando fui visitá-los para ter um conhecimento direto de sua situação familiar. Após saber da incrível programação de Charles, perguntei-lhe como ele fazia para conseguir dormir o suficiente.

Charles — Aprendi a sobreviver com um mínimo de sono. Não é fácil dormir durante o dia com o que as crianças fazem.

Dr. Brazelton — Sua mãe consegue ajudá-lo com algum dos afazeres diários?

Charles — Ela ajudou durante algum tempo, depois que minha esposa morreu. Mas agora não tem mais capacidade para isso — nem mental nem física. Acho que nós a deixamos esgotada.

Dr. Brazelton — Mas você também está se esgotando.

Charles — Vou ajudar essas crianças a superar a idade mais difícil. Minha esposa me deixou com um desafio — dar-lhes um bom começo de vida. Era uma mulher maravilhosa, e realmente lutou para continuar viva. Deu aos filhos tudo o que pôde antes de morrer. Agora isso é comigo.

Dr. Brazelton Vai se casar novamente?

Charles Não tenho tempo para pensar em casamento. Não posso substituí-la, e sei disso. Estou me esforçando ao máximo. É claro que jogo meu boliche, e adoro pescar. Espero algum dia comprar um barco, para podermos pescar todos juntos. Nos fins de semana eles vão comigo para todos os lugares, e Júnior nunca se afasta de mim. Sequer dorme quando não estou perto dele.

Enquanto o pai falava, Júnior aconchegou-se ainda mais a ele. Durante minha visita, ele não se afastara do pai. Charles apertou-o nos braços. Era um garotinho de olhos brilhantes, pensativo, obviamente sem nenhum problema sério, mas fiquei admirado com seu comportamento um tanto quanto imaturo.

Dr. Brazelton Ele brinca com outros garotos?

Charles Alguns. Mas é muito agarrado a mim. Eu deveria me preocupar?

Dr. Brazelton Bem, isso sem dúvida parece ser resultado da perda de mãe. Ele já lhe fez muitas perguntas a respeito dela?

Charles Júnior tinha só dois anos quando ela morreu. Mas ela devotava todo seu tempo a ele. Ele está sentindo a falta dela? Nós certamente sentimos.

Dr. Brazelton Acho que talvez você precise discutir o assunto com ele de vez em quando. Nessa idade, afloram os temores — da perda, de perder você, de ansiar por uma figura materna.

OS PROBLEMAS

Antes que uma família possa recuperar-se plenamente da perda de um dos pais, cada pessoa tem de reconhecer o que a perda significa. O viúvo principalmente deve fazer face à própria dor. Charles, antes de poder ajudar Yolanda e Júnior, deve ser capaz de sentir a dor e de curar suas feridas. Até agora, ele conseguiu se proteger entregando-se totalmente ao trabalho, fazendo um turno de oito horas e desempenhando todas as tarefas da casa. Além da mãe inválida, tem de cuidar de uma pré-adolescente e de um garoto de quatro anos. As exigências constantes de dois trabalhos de período integral não lhe deixam tempo para cuidar dos próprios sentimentos. Muitos cônjuges enlutados buscam refúgio no trabalho. Durante o período de sofrimento intenso, estabelecem para si exigências intermináveis, até fazer-se necessário diminuir o ritmo, limitar as horas de trabalho e dar vazão à tristeza. Um dos riscos de não enfrentar a dor é o de os pais, visando a seu próprio benefício, apegarem-se exageradamente aos filhos. É inevitável eles sentirem medo de perder também os filhos. Quando enfrentam a dor e permitem que ela seja curada, os pais viúvos descobrem que é mais fácil afrouxar seu domínio sobre os filhos.

O passo seguinte é ajudar cada criança a compreender e a enfrentar sua perda particular. Isso é diferente para cada criança. Uma criança muito nova, como Charles, não conseguirá falar sobre seus temores e tristeza. Mas existem certos sentimentos universais em crianças nessa situação, e o pai sobrevivente pode observá-los:

1. Uma sensação de ser diferente, de ter uma família incompleta, especialmente quando na companhia de crianças que têm as famílias intactas.

2. O medo de perder o progenitor sobrevivente, que se percebe na angústia diante de situações novas e de separações.

3. A ilusão de ter causado a morte, a qual tem como resultado sentimentos de culpa.

4. A ânsia por um adulto do mesmo sexo que o progenitor morto.

5. Raiva pelo progenitor sobrevivente por não lhe oferecer uma mãe ou um pai.

6. Regressão a um estágio mais infantil de desenvolvimento quando novas tensões tiverem de ser enfrentadas.

7. Possessividade em relação ao progenitor sobrevivente e ciúme de seus relacionamentos.

Muitos desses sentimentos e a conduta deles resultante podem ser percebidos em Júnior, e eles surgirão gradualmente na maioria das crianças que perdem um dos pais nos primeiros anos de vida.

Charles Jr. mal consegue se lembrar da mãe falecida. À medida que for crescendo, ele precisará da presença de uma mulher para ajudá-lo a manejar sua identidade masculina. Yolanda pode servir a esse propósito se permanecer por perto e se gostar dele. Mas uma menina da idade dela terá de tornar-se mais independente e de rebelar-se. Com quatro anos, Charles Jr. perdeu também a base segura que lhe permitiria manifestar sua agressividade. Se com a morte da mãe ele se deixou dominar por medos — medo de outra perda (o pai, a avó ou Yolanda), ou medo de ser mau (imaginando que seu mau comportamento pode ter causado a morte da mãe) —, seu desenvolvimento pode ser posto em risco.

A solidão de Charles até certo ponto pode reforçar o apego que seu filho tem por ele. O garoto percebe isso e vê suas exigências de proximidade plenamente atendidas. Sentindo os anseios do pai e sem coragem de se comportar mal por medo de perdê-lo também, Júnior pode não desenvolver a independência e a autonomia que são naturais em sua idade. Ele terá de sentir-se seguro o suficiente para efetuar a separação, e o pai terá de recuperar-se o suficiente da própria perda para permitir isso.

Caso nunca se fale sobre o pai morto, as crianças serão privadas da oportunidade de compartilhar a dor. Isso aumentará seus sentimentos de isolamento e o medo de outra perda. Crianças pequenas como Júnior não conseguem conceber a morte como realidade. Para elas, a morte parece o sono. Crianças de quatro anos acham que podemos despertar da morte ou ficar vivos de novo se o desejarmos com bastante força. Afinal, os desenhos animados da televisão confirmam isso. Os heróis erguem-se e saem andando. Crianças pequenas levam essa fantasia um pouco além. Se forem boas o suficiente, talvez consigam trazer de volta o pai falecido. Se forem más, um mínimo que seja, elas o manterão afastado e garantirão à família a continuação da dor. Tais fantasias dão às crianças três escolhas: ser boas e tentar provar a tese; ser muito más e pôr o sistema à prova; ou retraírem-se numa imaturidade tamanha que ser bom ou mau não faz a menor diferença. Charles Jr. parecia ter regredido e mostrava-se dependente, como se estivesse tentando continuar a ser um bebê e provar a inocência de seu comportamento.

Quando uma criança tem a chance de perguntar: "O que é a morte? Onde está mamãe? Eu fiz isso acontecer? Ela me vê de lá de cima? Ela ainda me ama?", a necessidade de negação e agressão desaparece gradualmente. A maioria das crianças faz algumas dessas perguntas, mas estas precisam ser repetidas vezes e vezes. O pai de uma criança pequena como Júnior terá de pressioná-lo a ficar sozinho um pouquinho mais, terá de deixá-lo expressar seus temores. Essa criança talvez necessite ser um pouco agressiva e assim descobrir que não causará problemas insolúveis se for impertinente e má de vez em quando. Colegas escolares também ajudam. Seria bastante útil para uma criança que perdeu a mãe ter uma professora compreensiva e atenciosa com a qual pudesse relacionar-se e em quem pudesse confiar.

Para uma garota da idade de Yolanda, os problemas são outros. Pediram-lhe para assumir o papel da mãe. Sendo mulher, e mais velha, ela se deixou atrair naturalmente por essa responsabilidade e para a função de ser uma figura materna para o irmão. Se não conseguir ajudar nessas duas áreas, ela se sentirá culpada. A necessidade é por demais óbvia. Contudo, sendo uma pré-adolescente normal, ela irá se rebelar de vez em quando. Terá de resmungar, reclamar, deixar o trabalho por fazer, irritar o pai. Se não o fizer, isso lhe custará muito. Sua identidade como pessoa separada da família é formada por esse tipo de rebelião. Se conseguir suprimir toda sua rebeldia, ela poderá descontar isso mais tarde, comportando-se mal. Yolanda também sente ansiedade quanto ao motivo da morte da mãe, quanto à morte em si e ao grau em que contribuiu para a doença da mãe. Ela precisa de uma chance para conversar sobre essa ansiedade.

Se o pai viúvo puder dispor de tempo para escutar suas preocupações, uma garota da idade de Yolanda sentirá que pode se comunicar a respeito de outras questões da adolescência que certamente estão a caminho. Se o pai só puder tolerar uma conduta boa, ela terá de solucionar sua rebeldia em outra parte ou de maneiras menos aceitáveis. Ela pode começar a ficar fora até muito tarde, a se voltar para amigos menos aceitáveis, ou mesmo fugir, para provar que tem uma existência independente. Se tiver uma dor não resolvida quanto à perda da mãe, é mais provável que ela ponha o pai à prova, que expresse sua raiva quanto ao "por que eu?". Um pai viúvo deve estar preparado para isso. Quanto mais cedo começar a compartilhar com ela sua própria dor e permitir que ela compartilhe a dor abertamente, mais livre ele se sentirá para aceitar a sua rebeldia normal de adolescente.

A seguir apresento sugestões para pais que tenham de ajudar uma criança a enfrentar a morte ou a perda do outro progenitor:

- As crianças precisam da reafirmação constante de que são amadas e de que foram amadas pelo progenitor falecido.

- As crianças precisam ouvir repetidamente que não tiveram responsabilidade na morte do pai. Precisam saber que podem ser "ruins" sem perder o pai sobrevivente.
- Ao mesmo tempo, as crianças realmente precisam de limites firmes. Os limites são tranqüilizadores.
- A dor deve ser enfrentada e compartilhada abertamente.
- Os professores e os amigos íntimos devem ser aconselhados, para que possam ajudar a criança a se ajustar.
- Outras mudanças de planos, programações e ambiente devem ser minimizadas.
- Crianças mais velhas podem assumir grandes responsabilidades, mas deve-se garantir a elas que não precisam tentar substituir o cônjuge falecido.
- A ocorrência da morte é um momento importante para rever o sistema de crenças básicas da família — sobre religião, morte, vida após a morte. Haverá, é claro, perguntas sem resposta, mas um pai pode explicar suas crenças e como elas ajudaram a enfrentar a perda.
- Os pais nunca devem ter medo de expressar sua dor diante das crianças. Isso ajuda a estabelecer a realidade da morte. Até mesmo os pais têm a necessidade de chorar e de compartilhar seus sentimentos. As crianças podem sentir-se obrigadas a oferecer consolo. Os pais devem aceitar esse consolo, mas assegurando às crianças de que elas podem lidar com sua dor.
- Deve-se permitir que as crianças experimentem a dor em seu próprio ritmo. Elas irão chorar durante anos, mas esporadicamente. Um adulto sofrerá mais, mas se recuperará com o tempo. Tão logo sinta-se capaz, o pai ou a mãe pode ajudar oferecendo às crianças maneiras seguras e ocasiões especiais em que possam partilhar a tristeza. Visitar o túmulo, sentar e ver cartas e fotografias — essas são algumas das maneiras possíveis de relembrar os mortos. Se as crianças não estiverem preparadas, ou se não quiserem compartilhar, isso também deve ser respeitado. A escolha do momento certo tem de ser individual.

• Se os sintomas de apego excessivo e medo continuarem, ou se a rebelião da adolescência for muito violenta, os pais devem considerar a possibilidade do aconselhamento — não como um sinal de fracasso, mas como auxílio para enfrentar uma crise que é mais grave do que o que muitas famílias terão de enfrentar.

PERGUNTAS COMUNS

Pergunta De que maneira o adulto que padece de grande sofrimento pode ajudar o filho?

Dr. Brazelton Durante o sofrimento, acho que tudo o que podemos fazer é proporcionar segurança à criança com nossa presença. A criança se assusta com a ausência do progenitor. Depois de ter-se recuperado um pouco, o adulto pode voltar sua atenção para os problemas da criança. Felizmente, as crianças não apenas têm um forte senso de negação, que as ajuda a seguir em frente, mas também são capazes de adiar a reação a uma perda até o momento em que os adultos a seu redor possam suportá-la. Mas *aí* quem precisa de ajuda são elas.

Pergunta Quando minha mulher morreu, não levei minha filha ao funeral. Agora, eu a levo para visitar o túmulo. Estou agindo corretamente?

Dr. Brazelton Os funerais representam o fim de uma vida e foram feitos para adultos. Eles nos ajudam a aceitar a morte e a pôr um termo à realidade da vida. Se as crianças pedissem para ir, eu as levaria, mas alguém deveria ficar com elas para lidar com suas perguntas e angústias. Fazer-se acompanhar de sua filha durante uma visita ao túmulo de sua esposa é bom para ambos; vocês podem assim compartilhar a dor, suas crenças, discutir a inevitabilidade da morte. Não deixe de escutar o que ela tem a dizer a respeito.

Pergunta Meu filho perdeu o pai quando tinha dois anos. Como posso assegurar-lhe que não vou morrer também?

Dr. Brazelton Aborde a questão dizendo: "Sei que você se preocupa com isso, e essa preocupação é normal. Mas eu *não* vou morrer, vou continuar com você." Ele precisa ouvir isso muitas vezes.

Pergunta Minha esposa ficou adoentada por um bom tempo, durante o qual procurei proteger minha filha. Agi mal?

Dr. Brazelton Não acho que se possa proteger uma criança da realidade. Relembre junto com ela tudo o que houve naquele período. Responda todas as perguntas e escute os temores dela — ajude-a a enfrentá-los. Para ela, enfrentá-los sozinha é assustador.

Pergunta Meu filho de quatro anos quer que eu responda "Onde está a mamãe?" com um local específico. O que digo?

Dr. Brazelton Uma criança de três a seis anos pensa muito em termos concretos. Assim como os povos primitivos designam o céu e o inferno num mapa, as crianças querem uma resposta específica. É claro que isso é impossível, e você deve dizer-lhe isso honestamente. Mas vocês podem sonhar juntos sobre onde a mãe pode estar. Preste atenção no que ele imagina, e, ao mesmo tempo, explique qualquer sistema de crenças que você eventualmente tenha. Para ele, sua honestidade e atenção terão mais valor do que qualquer outra resposta.

Pergunta Meu filho perdeu o irmão mais velho. Ele me perguntou *por que* ele tinha de morrer. Como responder a isso?

Dr. Brazelton Por trás da questão filosófica estão perguntas específicas que você pode responder. Explique a doença de seu filho mais velho em termos que ele possa compreender. Talvez ele queira saber se tem alguma parcela de culpa ou então se vai morrer também. Você *pode* responder a essas perguntas. Após explicar o que você sabe, dê-lhe a liberdade de fazer perguntas que ainda o perturbem. Essas perguntas podem ser mais importantes do que parecem.

Pergunta Temos a impressão de que nossa filha está esperando a volta da irmã — ou sua substituição.

Dr. Brazelton Isso é um exemplo de pensamento concreto. Vocês podem dizer: "Nós todos desejamos que ela volte. Ela não vai voltar, mas podemos mantê-la viva em nossas mentes. Talvez desse jeito ela saiba que estamos pensando nela e iremos senti-la próxima de nós." Vocês podem lhe assegurar que uma substituição não seria a mesma coisa e que você quer esperar um pouco, para se recuperar, antes mesmo de pensar em ter outro bebê. Você quer que o bebê seja especial por si só, e não apenas uma substituição da irmã.

Pergunta Depois que meu marido morreu, parece que meu filho quer voltar a ser bebê. Isso é natural?

Dr. Brazelton Sim. A regressão é um modo bastante normal e saudável de uma criança superar o problema. Também é um apelo para que você a ajude a compreender seus sentimentos quanto à perda do pai.

Pergunta Minha filha tinha dois anos quando a mãe morreu. Como posso saber de quanto ela se lembra e quanto ela compreende?

Dr. Brazelton Talvez você nunca venha a saber. Cabe-lhe agora escutar as preocupações dela e observar o que sua conduta pode significar. Quando lhe falar sobre a mãe, preste atenção no que ela tem a dizer.

Pergunta Meu filho tinha quatro anos quando o pai morreu. Recentemente, ele disse que não se lembra mais do pai.

Dr. Brazelton Ele pode estar reprimindo lembranças dolorosas. Talvez elas voltem mais tarde, quando ele puder lidar com elas. Talvez ele queira que você lhe conte mais sobre o pai. De qualquer modo, converse sobre o pai, pedindo a seu filho que relembre com você como ele era e como seu filho se parece com ele. Talvez ele precise saber mais sobre o pai quando ficar mais velho, para poder identificar-se com ele e desenvolver sua identidade masculina, separada da sua.

Pergunta Os pesadelos estão ligados à perda? Como um pai pode lidar com eles?

Dr. Brazelton Pesadelos e temores muitas vezes surgem bem depois de uma morte, numa época em que a criança está começando a ficar pronta para lidar com a perda. Eles são um sinal para que você, na condição de pai, escute as angústias da criança. Mostre-lhe que você compreende. Leve os temores e pesadelos dela a sério e console-a. Deixe uma luz acesa à noite ou então dê-lhe um brinquedo macio com o qual ela goste de dormir, caso alguma dessas medidas possa ajudar. Durante o dia converse com ela sobre o que ela teme e sobre a dor que ambos sentem. Então ajude-a a compreender que a causa dos pesadelos são esses medos e o sofrimento. Faça-a ter toda a compreensão que lhe puder ser útil. Ajudar uma criança a entender suas próprias reações não apenas a tranqüiliza como também a ensina a usar o entendimento como um modo de lidar com as tensões.

Pergunta Minha avó, que era inválida e um tanto senil, morreu há pouco. Acho que foi uma bênção, mas devo dizer isso às crianças?

Dr. Brazelton Perder um avô ou um bisavô não é fácil, mesmo quando se trata de um inválido ou de um fardo para a família. Ser honesto quanto a seus sentimentos sempre ajuda. Você pode explicar que as pessoas velhas chegam a um ponto na vida em que a morte é um alívio e uma libertação. A morte é mais difícil para nós do que para eles. Vocês provavelmente sentem a falta da pessoa que ela foi. Encoraje todos a se lembrarem de tudo a respeito dela. Deixe os sentimentos de culpa aflorarem. Fiquem tristes pelo que não fizeram mas gostariam de ter feito pela avó. É difícil compreender a morte, mas ela faz parte da vida. Ela pode ser enfrentada honestamente, e vocês, juntos, como família, podem transformá-la numa fonte de força.

Ser pai sozinho

VISITA AO CONSULTÓRIO

Os Cooper levaram Júnior a meu consultório para um *checkup*. Logo que chegou, ele estava amedrontado e não permitiu que eu o examinasse. Assim, voltei minha atenção para Charles e perguntei como iam as coisas. Sugeri que naquela visita podíamos conhecermo-nos melhor, deixando o exame e as vacinas para depois, quando Júnior tivesse maior confiança em mim. Desse modo, ele poderia permitir que eu me tornasse seu amigo e seu médico. Uma criança de quatro anos geralmente vê o exame físico como uma invasão, que parece ainda mais ameaçador após uma tragédia pessoal e uma perda.

Dr. Brazelton	Olá, todo mundo. Olá, Júnior. Puxa, como cresceu! Quantos anos você tem?
Júnior	Quatro.
Dr. Brazelton	Trouxe sua irmã maior. Isso é *bom*.
Júnior	Não toque em mim.
Dr. Brazelton	Júnior, para fazer um *checkup*, vou ter de tocá-lo *um pouco*. Mas você não quer que eu o toque

agora. Prefere voltar outra hora, depois de nos conhecermos melhor? Além de ser seu médico, também quero ser seu amigo. (*Voltando-me para Charles, o pai*) Ainda está no turno da noite?

Charles — Sim. Isso tem os seus pontos positivos no que diz respeito às crianças, porque assim posso ficar em casa durante o dia. Acho que estou mais próximo de meu filho que a maioria dos pais. Ele era bastante apegado a minha esposa quando ela morreu. E não a esqueceu. Depois que foi operada e descobriu que estava com câncer, ela se dedicou quase que exclusivamente ao Júnior. Assim, ensinou muitas coisas a ele. Era uma mulher incrível, única. (*Charles faz uma pausa*) Manter unida uma família sem a presença da mãe é uma das coisas mais difíceis que já fiz. Tenho de ser mãe, pai, irmã, irmão, amigo, empregada, tudo.

Dr. Brazelton — Yolanda pode ajudá-lo? (*Yolanda faz que sim com a cabeça*)

Charles — Yolanda cuida de Júnior como uma mãe. Vestelhe a roupa, às vezes lhe dá banho antes de ele ir dormir.

Dr. Brazelton — Isso é ótimo. Como está Júnior agora?

Charles — Parece apegado demais a mim. Toda vez que saio de casa, ele quer ir junto. É difícil ser pai sozinho. Há certas coisas que simplesmente não dão certo como dariam se eu fosse uma mãe. Minha família é a coisa mais importante de minha vida. Tudo o que faço, eles fazem comigo. Temos de ser unidos em tudo. É difícil trabalhar à noite e cuidar das crianças ao mesmo tempo.

Dr. Brazelton (*Para Charles Jr.*) Como seu pai está se saindo?

Júnior Bem.

Dr. Brazelton Ele é como uma mãe para você?

Júnior É.

Dr. Brazelton Ele tem de ser, não é?

Charles Às vezes fico de mão na cabeça. Cuido de todos os afazeres. Nada *acontece* se eu não me mexer.

Dr. Brazelton Mas você parece conseguir tempo para as crianças.

Charles Quando Júnior volta para casa, ao meio-dia, posso lhe dar um pouco de tempo. E quando Yolanda chega e começa a lição de casa imediatamente, eu a ajudo.

Dr. Brazelton (*Para Yolanda*) E você? Ajuda seu pai?

Yolanda Bom... às vezes.

Dr. Brazelton Às vezes?

Yolanda Sim, às vezes, porque tenho de fazer a lição de casa e também tenho de olhar Júnior. Enquanto meu pai dorme, Júnior fica correndo lá fora, e com todas essas coisas acontecendo, o senhor sabe, tenho de ver se ele não vai muito longe.

Dr. Brazelton Isso é bom para você, Yolanda. Não é fácil na sua idade, não é mesmo? Ei, Júnior. Conte-me alguma coisa sobre você.

Júnior Eu não ajudo em casa.

Dr. Brazelton O que você faz?

Júnior Eu não bagunço a casa.

Dr. Brazelton Então é assim que você ajuda o papai, não é? Você às vezes o ajuda a fazer a limpeza?

Júnior Ajudo.

Dr. Brazelton E a cozinha?

Júnior Não!

Dr. Brazelton Por quê?

Júnior Porque posso deixar a comida queimar. (*Atrás de Charles, Yolanda ri*)

Júnior e Yolanda faziam o que estava a seu alcance, mas a situação ainda era difícil para o pai.

Charles Encaro um dia por vez. Deixo o amanhã para o amanhã. Parece que atualmente essa é a atitude certa.

Dr. Brazelton Charles, e se você arrumasse alguém para cuidar das crianças? Muitos homens fazem isso.

Charles Para mim, eles são meus filhos e quem deve criá-los sou eu.

Dr. Brazelton É muito importante para você manter essas crianças juntas e a família sólida, não é mesmo?

Charles Bem, minha esposa encarregava-se de quase tudo. Eu não tinha de fazer muita coisa. Um dia, já doente, ela me perguntou: "O que você vai fazer quando eu morrer? Acho que não vai conseguir se virar." Eu disse a ela e a mim mesmo: "Vou conseguir, sim. Nós vamos conseguir." Isso é algo que tenho de fazer por mim mesmo. É algo que fará com que eu me sinta melhor, porque ela não acreditava que eu conseguiria.

Dr. Brazelton Então você se sente como se ela o estivesse observando, e está tentando provar isso a ela?

Charles É, acho que sim. Mas não sabia que seria tão difícil. *Ela* sabia — sabia muito bem.

Dr. Brazelton Parece que você está tentando dar a essas crianças o que a mãe lhes teria dado. Está desempenhando o papel de mãe e pai ao mesmo tempo.

Charles Às vezes eu me sinto como se estivesse dando cabeçadas na parede. Mas creio que terei minha recompensa quando eles crescerem.

Dr. Brazelton Haverá recompensa para eles também. O que você acha, Yolanda?

Yolanda Meu pai está me ensinando muitas coisas. Se ele não estivesse aqui para me mostrar, eu provavelmente não saberia fazer nada.

Dr. Brazelton Você se sentiria abandonada, não é?

Yolanda Sim. (*Apontando para Charles Jr.*) Ele é a única pessoa que eu tenho agora além de meu pai.

Dr. Brazelton E isso é muito precioso, não? (*A Charles*) Sabe, acho que você está mesmo conseguindo, Charles. Foi capaz de assumir o lugar da mãe e do pai. A coisa mais importante que vejo é o exemplo de responsabilidade pela família que você está dando a essas crianças. Cada uma delas está desempenhando um papel no trabalho de manter a família unida. No fundo, você deve sentir-se tremendamente bem. Encontrou um bom modo de lidar com aquela perda terrível.

Voltei-me novamente para Yolanda. Queria saber como ela lidava com tudo isso. Quase com treze anos, começava a desenvolver-se fisicamente. Prestes a entrar na puberdade, não tinha uma mãe a quem recorrer. Precisaria de amigas mulheres. Talvez eu também pudesse ajudá-la se lhe mostrasse que eu a compreendia.

Disse a Yolanda que um pediatra é mais do que um médico de bebês, que queria ser médico de toda a família.

Yolanda Acho que também quero ser médica.

Dr. Brazelton É mesmo? Isso é maravilhoso! O que fez você se decidir?

Yolanda Minha mãe. Depois que ela morreu, fiquei pensando que talvez eu pudesse ajudar a descobrir uma cura para o câncer.

Dr. Brazelton É por isso que a maioria das pessoas quer ser médica. Querem curar doenças que pessoas que elas amaram tiveram e assim evitar que outras pes-

	soas as tenham. É o melhor motivo que conheço para alguém ser médico. (*Mas havia outro motivo*) Seu pai teria orgulho de você também, não é?
Charles	É claro que sim! (*Yolanda parecia querer falar mais*)
Yolanda	Tenho de acordar às sete da manhã para ir à escola. Ajudar no serviço de casa me deixa cansada.
Dr. Brazelton	Você fica zangada?
Yolanda	Às vezes. Quando me aborreço, não consigo terminar a lição de casa ou estudar para uma prova, e se eu faço a prova, tiro nota baixa, e isso me deixa zangada. Quero ser aprovada com distinção este ano.
Dr. Brazelton	Ser aprovada com distinção mostraria a seu pai que você está fazendo o melhor que pode, não é? Charles, você estabeleceu uns padrões bem altos.
Charles	Eles podem não escapar impunes de uma porção de coisas, mas às vezes eles conseguem. Por exemplo, Charles Jr. é mimado. Eu o mimo exatamente como mimava Yolanda.
Dr. Brazelton	Você acha que agora não a mima mais?
Charles	Não! Ela já está grande para isso. Agora deve se preparar para a vida.

Dr. Brazelton Yolanda, você parece sentir a presença de sua mãe — talvez esteja fazendo uma porção dessas coisas por ela.

Yolanda Eu me sinto bem quando as pessoas dizem que me pareço um pouco com ela. Meu irmão se parece bem mais.

Dr. Brazelton Mas você quer ser como ela? (*Yolanda meneia vigorosamente a cabeça, mostrando que sim*) Você acha que tem de se fazer de mãe para Júnior?

Yolanda Ele me chama de mãe.

Dr. Brazelton É mesmo?

Yolanda Isso faz com que eu me sinta bem.

Dr. Brazelton Você está sendo duas pessoas diferentes. É irmã mas também está tendo de ser mãe. Está se saindo bem. Para uma garota da sua idade ter de desempenhar esses dois papéis não é fácil.

Yolanda Se me casar e tiver filhos, já terei aprendido o que fazer.

Dr. Brazelton Tem razão. Sabe, notei uma coisa: seu pai se ocupa inteiramente com Júnior. Não tem muito tempo para você.

Yolanda Sim. Ele tem de dar mais atenção a meu irmão porque ele é mais novo.

Dr. Brazelton Você não se sente um pouco desprezada?

Yolanda	Às vezes. Não vou mentir.
Dr. Brazelton	Olhe, para encarar as coisas desse jeito é porque você já é bem crescida. Você é uma garota incomum. Acho que seu pai concorda comigo.
Yolanda	Tomara que sim!

OS PROBLEMAS

Um progenitor sozinho — mãe ou pai — tem uma tarefa difícil, sejam quais forem as circunstâncias. Pais sozinhos acham que têm de ser tudo para cada filho. Tentam ser superpais — um sonho impossível. Cada desvio por parte da criança geralmente é visto como um sinal de fracasso pessoal. Ignoram-se os êxitos e ressaltam-se os fracassos. Os pais sós que conheci em minha prática parecem sentir-se mais ameaçados quando a criança reivindica autonomia. Em cada estágio do desenvolvimento de uma criança, ressurge a necessidade de exploração e experimentação dos limites, levando novamente o pai sozinho a ter medo de fracassar ou de perder a criança.

A criança também desempenha seu papel nessa situação. Receosa de perder o progenitor sobrevivente ou aquele sob cuja custódia está, ela ou se apega excessivamente ou põe à prova a resistência do pai. Visto que essas emoções naturais tendem a transformar a família numa unidade rígida e isolada, a primeira coisa a fazer é afrouxar esses vínculos e buscar ajuda externa. Os indivíduos podem sentir-se mais à vontade em seus relacionamentos mútuos quando sentem-se mais livres para separarem-se.

Um pai sozinho muitas vezes sente-se menos capaz de cuidar dos filhos que uma mãe sozinha. Nossa sociedade não prepara os homens adequadamente nem os recompensa. Sempre há alguém para dizer: ‘‘Como é que você consegue?’’ ou ‘‘Você não precisa de mais ajuda?’’ — como se estivessem dizendo ‘‘É impossível que você esteja se saindo bem." Visto que esse tipo de atitude reflete os temores do próprio pai, este provavelmente irá sentir-se inapto. Conseqüência: ele tentará ser perfeito, negando seus temores, ou então ficará cada vez mais angustiado.

São bastante escassas as pesquisas sobre os efeitos produzidos em crianças que foram criadas apenas por um dos pais. Alguns estudiosos afirmaram que os pais se saem melhor do que as mães em seus relacionamentos[1]. Mães sozinhas relatam mais problemas com seus filhos, embora isso possa refletir diferenças entre os sexos e não o número efetivo de problemas. As crianças parecem apreciar os esforços do pai, mas raramente expressam qualquer apreciação pela mãe, como se os cuidados que ela lhes dispensa já fossem esperados. Pais sozinhos que têm a custódia dos filhos demonstram maior satisfação com o papel que exercem na criação. A sociedade, porém, não confia neles e os vê como potencialmente "livres e desimpedidos". Para pais responsáveis como Charles, a realidade é totalmente outra. Muitos pais sozinhos dedicados passam todo o tempo apoiando os filhos e cuidando deles, e ignoram suas próprias necessidades de companhia adulta.

Pais sozinhos que se saem bem aprendem rapidamente a cuidar da gerência doméstica, com a qual muitas vezes nunca tiveram contato. Geralmente são bons disciplinadores e firmes nas metas que estabelecem para os filhos. Assim como as mulheres, também precisam de apoio externo, como uma escola maternal ou uma pessoa extra para auxiliar em casa — particularmente quando procuram manter um trabalho de período integral e ao mesmo tempo cuidar da casa. Os homens normalmente procuram tal tipo de auxílio mais que as mulheres. E como os salários dos homens são maiores, geralmente são eles que podem pagar por isso. Para os pais, o maior obstáculo para o êxito pode ser o fato de a sociedade não reconhecer sua capacidade potencial nem apoiar seu esforço. Quando os homens já são conhecidos

1. A. M. Ambert, "Differences in children's Behavior Toward Custodial Mothers and Custodial Fathers", *Journal of Marriage and the Family*, 44:73-86 (1982).

numa comunidade, tal qual Charles, sua força e determinação geralmente são reconhecidas. A capacidade e a responsabilidade de Charles já eram amplamente apreciadas.

Com o aumento no número de pais sozinhos, devido ao divórcio e a uma mudança de atitude para com os acordos de custódia, eles passaram a receber maior apoio, ao invés de serem vistos como aberrações[2]. Quanto mais os pais sozinhos puderem encontrar grupos de homens na mesma situação — talvez por intermédio de unidades locais da Parents Without Partners (Progenitores sem Cônjuges) ou através de uma escola maternal ou uma associação escolar de pais — menos solitários e singulares eles se sentirão. Dado que os funcionários das escolas maternais e primárias geralmente são mulheres, seria bom que os pais trabalhassem intimamente com elas para equilibrar suas habilidades nos cuidados com os filhos.

Filhos de pais sozinhos — bem como de mães sozinhas — parecem ter uma grande necessidade de contato com uma pessoa do sexo oposto que participe da criação. Eles tendem a procurar e a encontrar figuras femininas no meio externo diário. Essa ânsia por parte dos filhos torna difícil para o pai levar uma amiga para casa. As crianças tendem a monopolizá-la ou a ignorá-la, demonstrando sua privação em ambos os casos. Se o pai tornar o relacionamento mais profundo ou se prolongá-lo por algum tempo, as crianças irão considerá-lo permanente. Se a relação terminar, virá o desapontamento. Após algumas experiências, as crianças deixarão de confiar em mulheres. A capacidade que as crianças têm de identificar-se e apegar-se a uma mulher pode até mesmo ser posta em risco.

Um pai sozinho pode procurar relacionamentos femininos apenas por causa dos filhos. É melhor fazer isso diretamente — contratando uma babá ou uma empregada que ajudem na criação, em período integral ou meio período, ou arranjando uma parenta, professora ou funcionária de escola maternal em quem as crianças possam confiar. A personalidade dessa pessoa é tão importante quan-

2. B. E. Robinson e R. L. Barrett, *The Developing Father*, Nova York, Guilford Press, 1986.

to a habilidade doméstica, pois as crianças estarão procurando uma atenção carinhosa e a oportunidade de se identificarem com ela e de estabelecerem uma relação.

Quer a mãe esteja viva, mas não presente, quer tenha morrido, como no caso de Charles, sua imagem deve ser mantida viva para os filhos. O pai deve enfatizar as boas qualidades dela, como um modelo, e também contrabalançar o forte vínculo que tem com os filhos através de uma figura feminina importante. Por mais que o pai fique chateado ou culpe a mulher por ter abandonado a ele e aos filhos, as crianças devem sentir-se amadas pela mãe. Após um divórcio, isso é difícil para muitos homens, mas é vital para o bom desenvolvimento da personalidade. Tudo o que sabemos a respeito do desenvolvimento infantil indica a necessidade da criança em dispor de várias oportunidades de identificação. As crianças devem ter conhecimento de como ambos os sexos reagem. Do contrário, apóiam-se excessivamente no modelo de um progenitor único.

Mesmo no caso de um pai que é carinhoso e firme — como Charles —, outros relacionamentos são vitais. Crianças que vivem com apenas um dos pais podem tornar-se excessivamente dependentes desse pai. Imaginam o que aconteceria se o perdessem. Para as crianças Cooper, cuja avó talvez fosse para um asilo em breve, essa necessidade é ainda maior. Uma garota da idade de Yolanda pode procurar amigas inadequadas e apegar-se a elas. Charles deve ajudá-la a envolver-se em atividades onde ela encontre mulheres em quem possa confiar. O pai de uma garota que se aproxima da adolescência também se preocupará em explicar à filha as mudanças ocorridas na puberdade. Ela precisará não só da compreensão dele mas também da de uma mulher que possa lhe explicar algumas das mudanças. Recomendo que garotas dessa idade e seus pais leiam alguns livros sobre desenvolvimento sexual feminino. O pai poderia auxiliar a filha a encontrar as respostas de algumas perguntas num livro e depois usá-lo como ponto de partida para discutir mais a fundo as preocupações dela. Para uma garota como Yolanda, cuja mãe morreu, questões a respeito de um corpo em mudança assumirão uma intensidade maior. Ela precisará que lhe seja assegurado, por um pai e por uma mulher inteligente, que seu corpo em desenvolvimento é saudável e que as mudanças são normais. Providenciar uma conversa entre a filha e uma enfermeira ou uma médica é outro modo de assegurar apoio para uma menina sem mãe.

Numa família com apenas um pai, muitas vezes se concede à menina mais velha uma grande responsabilidade. Não é justo que apenas ela deva ajudar. Todas as crianças podem criar um senso de responsabilidade pela família. Uma criança pequena, menino ou menina, precisará de mais supervisão e pode levar mais tempo para aprender a arrumar a mesa, recolher e lavar os pratos, tirar o pó e varrer. Mas não se deve negar a nenhuma criança a chance de dar sua contribuição e de usufruir o sentimento de confiança que acompanha sua ajuda.

Sempre que uma família pode participar junta do trabalho doméstico, formam-se vínculos importantes. Faça disso um jogo. Cante enquanto trabalha. Crie histórias especiais ou piadas que tornem o esforço mais leve. Faça tudo o que puder para converter o trabalho doméstico num projeto familiar — cada membro dando sua contribuição especial. O reconhecimento e o elogio pelo auxílio prestado podem ser reforçados por liberdades especiais e pela confiança.

No caso de Yolanda, ela assumiu uma boa parte da responsabilidade pelo cuidado de Júnior durante a tarde, quando o pai dorme. Poderia ela ser recompensada abertamente por isso? Uma mesada, não como pagamento por cuidar de uma criança, mas como recompensa por ser um membro responsável da família, seria apropriada. Eu também desejaria que ela soubesse que seu auxílio beneficia a família inteira. Ela já ouviu tudo isso do pai. Mas não custa repetir. Um pai como Charles poderia providenciar para que a filha tivesse uma chance de trazer amigas para uma festinha regularmente. Ele poderia também incentivar o relacionamento dela com algumas garotas levando duas ou três delas para uma excursão vez ou outra. E o melhor, poderia levar a filha, sozinha, para jantar fora ou ir ao cinema.

Filhos de pais sozinhos põem à prova os limites na adolescência, como quaisquer outros. Quando a confiança acaba, o pai deve arrumar tempo para discutir os limites. A rebeldia pode parecer mais ameaçadora para um pai sozinho que se ache sob tensão. Obter a cooperação da criança é vital. Terá ela alguma idéia sobre o que a auxiliaria quando acha que deve transgredir normas? Deixar que os adolescentes participem do estabelecimento de seus próprios limites e das formas de punição é um modo de fazê-los saber que você os respeita e que compreende as pressões que os fazem se rebelar. Seja como for, você terá de agir para reprimi-los em certo ponto, mas nesse caso, eles conhecerão o motivo pelo qual você acha que os limites são necessários. Se for necessário passar um sermão na criança ou aplicar-lhe alguma outra punição, tente renovar depois a relação de confiança. Às vezes outro adulto pode servir para aliviar o choque. Uma tia ou um tio, ou um amigo da família, podem oferecer uma oportunidade para o desabafo ou para uma reação objetiva. Acima de tudo, quando os adolescentes correspondem à sua confiança, faça-os saber que você percebeu. A perda de um pai aumenta as responsabilidades de todos, e palavras de elogio diminuem o fardo.

PERGUNTAS COMUNS

Pergunta Eu não sou mãe. Não pareço mãe e nunca serei mãe. Simplesmente serei o melhor pai que conseguir ser. No entanto, às vezes me preocupo, achando que minha filha de quatro anos e meio precisa de um tipo de cuidado que não lhe posso dar. Será isso mesmo?

Dr. Brazelton Parece que você acha que apenas às mulheres podem cuidar dos filhos. Não penso assim. Se você amá-la, abraçá-la, escutá-la e for terno ao cuidar de suas necessidades físicas, ela se sentirá cuidada. Sua filhinha tem sorte por você ser tão cuidadoso e se questionar tanto.

Pergunta Depois que minha mulher morreu, sinto-me como se tivesse sido enganado. Isso é comum com pais sozinhos?

Dr. Brazelton Sim. É muito duro ser pai sozinho. Você não apenas se sente só, mas também se preocupa com a privação da criança. Nenhum pai sozinho sente que ele ou ela pode fazer o suficiente para formar uma família "de verdade". O pai sozinho provavelmente sente isso com ainda mais intensidade. Use seus parentes ou amigos o quanto puder. Grupos de amigos para seus filhos também são importantes. O mais difícil para um pai só é liberar a criança. É possível que você sinta a necessidade de uma parceira para pressioná-lo a fazer isso e a diluir a intensidade de seu relacionamento com a criança.

Pergunta Onde os pais sozinhos podem conseguir apoio? Os grupos de apoio a que fui são constituídos, na maior parte, por mulheres. Os homens que encontrei na mesma situação tendem a se afastar depois de algum tempo. Eu me vejo recorrendo a mulheres ao invés de homens. Resolvo meus problemas de pai com mulheres.

Dr. Brazelton Isso não deixa de ser uma solução, mas eu insistiria para que procurasse amigos do mesmo sexo na mesma situação que você. Seus problemas provavelmente são comuns, e fazê-lo ajudaria a compartilhar as soluções. Os homens realmente tendem a se esquivar uns dos outros nos grupos. Quanto mais se aproximam da intimidade, mais ela os ameaça. Isso é ruim, porque eles necessitam muito de amizade.

Pergunta Consegui bastante apoio de mulheres, especialmente de uma com quem venho me encontrando. Alguns pais são mais automotivados?

Dr. Brazelton Em sua maioria, os homens realmente questionam tanto a si mesmos quanto a sua capacidade de cuidar dos filhos. Nossa experiência do passado, de receber cuidados de mulheres, faz com que recorramos a elas como modelos na criação dos filhos, para nos tranqüilizarmos quanto à adequação dos cuidados que estamos dispensando a nossos filhos.

Pergunta Quando minha esposa morreu, senti-me acabrunhado por ter de fazer tudo. Finalmente concluí que não podia dar conta de tudo e arrumei uma empregada para dormir no emprego. Ela deu grande parte do apoio que faltava. Não o apoio emocional, porque esse sou eu quem dá, mas boa parte do apoio para a custódia — cuidar da casa, cozinhar. Isso realmente tirou um grande peso de meus ombros, e agora confio nela totalmente. Acho que os garotos vêem isso do mesmo modo que eu.

Dr. Brazelton Você tem sorte de poder pagar uma pessoa assim. Tenho certeza de que isso é um alívio tremendo, com o qual você estará mais capacitado para oferecer o apoio emocional. É importante arranjar o tipo de mulher com quem você quer que seus filhos se identifiquem. A necessidade de uma mulher na vida deles tornou-os muito vulneráveis. De vez em quando, você poderia conversar com eles a respeito dela, não para criticá-la ou para falar mal dela pelas costas, mas para mostrar-lhes que você está a par´do que acontece em sua casa e do que ela significa para eles.

Pergunta Depois que fiquei sozinho, passei alguns anos sem sair com ninguém. Agora que as crianças estão mais crescidas, recomecei a sair com mulheres e a apresentá-las às crianças. O problema é que, com cada mulher, as crianças me perguntam se estou apaixonado e se vou me casar. Elas precisam de alguém. Mas ainda não estou preparado para me comprometer com alguém.

Dr. Brazelton As crianças realmente precisam de contato com o outro sexo, e precisam saber o que é o amor verdadeiro com uma mulher. Mas desistir de cada namorada não irá ajudar as crianças a desenvolver a confiança em mulheres. Você pode incluir uma irmã ou outra parenta ou uma amiga estável na vida delas? Faça com que elas a vejam com freqüência. Ser pai sozinho torna os parentes próximos ainda mais importantes para as crianças.

Pergunta Minha esposa faleceu há quatro anos e meio, e, embora tenha sido difícil no início, descobri que cuidar das crianças é cada vez mais recompensador. Mas, ainda assim, preocupo-me, achando que elas estão sentindo falta de algo, que não as compreendo totalmente.

Dr. Brazelton Você provavelmente acha, assim como muitos homens, que as mulheres têm mais contato com o desenvolvimento das crianças. Não penso que seja assim, particularmente se você comparecer à escola deles, às competições esportivas, às festas de classe. E se, a cada semana, reservar tempo para ficar sozinho com cada uma delas, você poderá escutá-las e manter-se em contato.

Pergunta Depois que passei a cuidar das crianças, senti-me como alguém se sente após fazer um exercício ou atividade que não havia feito antes. Usam-se músculos que não eram usados antes, e, no princípio, dói. Mas se você continuar, a dor vai embora. Se eu continuar a fazer isso todos os dias, não vai virar rotina?

Dr. Brazelton Isso está muito bem colocado. Temos mais flexibilidade e mais capacidade de recuperação do que imaginamos. Podemos encarar isso de um modo ainda mais positivo. Aprendemos de modo especialmente rápido durante uma crise, sobretudo quando conseguimos superá-la. E as crianças aprenderão tanto quanto você sobre como dominar uma situação de tensão.

Pergunta Às vezes, depois de períodos longos de desassossego, eu paro, olho para trás, vejo o quanto chegamos longe como família, e me tranqüilizo. Como posso evitar a ansiedade e as dúvidas nesses momentos?

Dr. Brazelton Alguns pais mantêm um diário, ou um calendário, no qual registram os problemas e as medidas tomadas para solucioná-los. Isso os ajuda a olhar para trás e ver o quanto realizaram. Você também pode usar esse registro para se precaver contra os problemas. Quando perceber que está levando tempo demais para resolver um problema qualquer, ou que a criança não está fazendo progressos numa determinada área, seria bom você refletir sobre o que está fazendo ou quem sabe até mesmo procurar ajuda.

Pergunta Em que idade as crianças podem ser deixadas sozinhas em casa, quando saio de manhã para trabalhar até a noite, quando volto?

Dr. Brazelton Embora as crianças, mesmo bem pequenas, possam sobreviver e se arranjar sozinhas, acho que *nunca* é bom deixá-las sozinhas por muito tempo ou com muitas responsabilidades. Mesmo os adolescentes precisam saber que há alguém responsável por perto. No caso de crianças mais novas, procure arrumar uma babá ou um parente que esteja em casa quando elas chegarem. Se tiver de deixá-las sozinhas, avise-as de que há um adulto por perto que pode assumir a responsabilidade numa emergência. Você também pode providenciar algumas atividades organizadas, dependendo do interesse deles. Arranje para que as crianças possam entrar em contato com você por telefone, e telefone com freqüência. Depois, de tempos em tempos, converse sobre como elas estão se saindo sozinhas. Uma casa vazia pode ser assustadora em qualquer idade.

Pergunta Sinto-me ora um superpai ora um pai ansioso e incapaz. É assim que a maioria dos pais sozinhos se sente?

Dr. Brazelton Esses sentimentos contrastantes são dois lados da mesma moeda. *Nenhum* pai se sente capaz. Simplesmente é mais fácil quando os dois pais sentem os mesmos medos e a mesma incompetência. Cada um deles tem o outro para culpar pelos erros ou para tranqüilizar.

A família Cooper revisitada

Quando visitei Charles Cooper, dois anos depois de conhecê-lo, tive a sensação de que ele vivia rodeado de amigos e vizinhos prestativos, de filhos que o ajudavam a carregar seus fardos, e de uma nova mulher em sua vida.

Quando cheguei a seu apartamento dúplex, num conjunto residencial de subúrbio, todos os três Cooper vieram me receber. Yolanda tinha agora catorze anos, mas parecia crescida para a idade. Com um ar maduro, era gorducha e bonita, o cabelo cuidadosamente arrumado. Agindo como a dona da casa, cumprimentou-me e levou-me à bem-arrumada sala de estar. Charles me dissera que Yolanda vinha se mostrando rebelde, mas a vivacidade e a simpatia dela nada tinham a ver com rebeldia.

A sala de estar estava repleta de lembranças de família — troféus de Charles e fotografias de família, além de um grande aparelho de som e um aquário. Havia três cômodos em cada andar. O apartamento estava imaculadamente limpo e bem conservado. Charles Jr., agora com seis anos, era alto, bonito, de postura ereta. Provocou várias vezes Yolanda até ela brincar com ele, enquanto eu e seu pai conversávamos. Os dois corriam e gritavam como dois cachorrinhos — alternando gestos de afeição e de luta. Yolanda parecia genuinamente terna com o irmão, embora eu achasse que acabaria cansando-se das constantes investidas dele. Notei que ela o acariciava quando ele deitava a cabeça em seu colo, como se ambos gostassem de regredir até a época em que ele era bebê.

Charles informou-me de tudo o que a família passara depois que eu os vira pela última vez. "Ela amadureceu muito cedo", disse ele a respeito de Yolanda. Ela provocava o pai com seus namorados do mesmo modo que Charles Jr. a provocava. Fiquei aliviado ao ver quanto respeito Yolanda tinha pelo pai, e ele por ela, pois sabia que eles haviam passado por maus pedaços. Charles falou-me da terapia. Após Yolanda ter fugido de casa duas vezes, ele havia se encontrado com a orientadora da escola, que lhe recomendou terapia familiar. "Todos nós buscamos auxílio depois que Yolanda fugiu — duas vezes!" Perguntei como a terapia havia ajudado. Ele disse: "Ela me ajudou a soltar um pouco as rédeas. É o mais difícil, para mim e para ela. Levou tempo. Vejo garotas que consomem *crack* e não quero que ela entre nisso."

Yolanda cursava o terceiro ano e parecia ir bem na escola. Desenhava e fazia os próprios vestidos e casacos. Também costurava a partir de moldes e chegara a vender alguns trabalhos. Ela disse: "Eu costuro — como ele." Apontando para a filha, Charles disse: "Sempre costurei. Costuro para as crianças também. Tenho jeito com agulha e linha." Apreciei muito que ele ousasse expor-me esse seu outro lado. "Mas hoje em dia me falta tempo. Yolanda tem de encarregar-se de tudo. Ela ficou fã de uma modelo negra, que tem uns cinqüenta anos e costura as próprias roupas." Yolanda ficou animada. "Ela mora em Nova York. Eu estive lá." Não tive certeza se isso havia ocorrido durante uma de suas fugas, mas ela me contou tudo sobre a visita que fizera à irmã de Charles, no Bronx. "Quando me formar, quero estudar para desenhista de moda em Nova York." Isso me pareceu ser um problema entre os dois, pois Charles se remexeu um pouquinho na cadeira.

Expressei minha preocupação quanto aos jovens com quem poderia ter de lidar. Ela respondeu: "A gente precisa mesmo se cuidar em Nova York. Conheci uma garota que engravidou com treze anos. A rapaziada de Nova York curte *crack*. Conheci um namorado lá. Ele gostava um bocado de mim."

Charles fez uma expressão de desagrado. "Era muito velho", disse ele. "Tinha dezoito anos. Na juventude, passei um bom tempo em Nova York. Havia mais segurança então. Meu tio era policial, e eu também queria ser quando crescesse. Servi durante quatro anos na marinha e sou veterano do Vietnã."

"Sua estatura não é tão grande assim. Isso o atrapalhou?", perguntei.

"Sou calmo por fora, mas fico uma fera quando me irrito. Posso cuidar de mim mesmo. Meu instrutor de caratê foi um dos melhores, Ron McNair, o astronauta negro. Aprendi ainda bem novo a cuidar de mim mesmo na rua." Nas palavras de Charles ouvi a experiência de toda uma vida. Ele estava me contando como aprendera a se virar sozinho no trabalho e num mundo branco hostil.

Yolanda tomou a palavra: "Aprendi a lutar como meu pai. Eu também sei me cuidar. Todos meus amigos dizem, 'Vou botar a Yolanda para brigar com você. Ela sabe usar os punhos!'" Charles disse: "Digo a ela para evitar brigas, mas, se continuarem a provocá-la, que trate de lutar. Não se preocupe com o que as pessoas dizem a seu respeito. O importante é como elas agem. Sendo negro, você tem de aprender a engolir muitas coisas, mas também tem de saber quando as pessoas estão falando a sério. É preciso saber quando você tem de se defender e quando não. Sempre se corre de uma faca."

Como se quisesse evitar um mal-entendido, Yolanda disse: "Eu estava ficando muito agressiva e irritada. Meus amigos me disseram para eu parar com isso. Agora desisti de brigar e estou tentando tomar jeito. As meninas brigam por causa dos rapazes, e eu estava perdendo meus amigos. Agora tento resolver tudo conversando. Estava ganhando uma reputação ruim. Agora tenho amigos malucos, mas engraçados. Nos divertimos um bocado ao invés de brigar. Saímos em turma. Estamos cantando num conjunto, quatro garotas e um rapaz. Cantamos rock and roll, temos bateria e sintetizador. Tinha alguém no grupo que tomava drogas, mas nós o convencemos a sair dessa." Charles disse: "Falei para Yolanda que se ela se metesse com drogas, depois do que vi, acho que a mataria. Sei que ela tem de experimentar as coisas, mas eu vejo tanto sofrimento em meu trabalho de policial. Foi assim que nosso conselheiro nos ajudou. Ele me fez perceber que eu estava muito agarrado a Yolanda. Ela precisava de seu espaço. É aí que dois pais poderiam ter ajudado." Ele olhou para o retrato da bela jovem que fora sua esposa. A fotografia dos quatro contemplava-nos durante a conversa.

"Como está se saindo agora?", perguntei.

"Bem", disse Charles. "Agora consigo trabalhar e cuidar das crianças. Elas são o que tenho de mais importante. Como faço minhas rondas neste bairro, de vez em quando venho ver se está tudo bem. Ninguém fica em casa com eles enquanto trabalho. Minha mãe teve um derrame, e, apesar de ela ter se recuperado bem, era demais ter de cuidar dela. Durante o último internamento, o médico recomendou que ela fosse mandada para um asilo. Eu a visito quase todos os dias, porque ela percebe quando não vou. Assim, sou eu quem cuida de tudo, pois Yolanda tem sua própria vida."

Tendo-se dado conta de quanta responsabilidade colocara nos ombros da filha, Charles agora procurava ser tolerante com ela. Com sua rebeldia, Yolanda agravara ainda mais o problema. Para um homem como Charles, que presenciava de perto os perigos pelos quais os adolescentes passam todos os dias, sua atitude para com a filha era incrivelmente compreensiva e moderada.

"Tenho de viver minha vida também", acrescentou Charles. "Jogo boliche e golfe. Ganho troféus todos os anos. Mas meu trabalho principal são as crianças. Yolanda prepara o café da manhã. Às vezes eu os levo para a escola na viatura. Depois que eles saem, faço o trabalho doméstico, compro os mantimentos, vou aonde é preciso ir, visito minha mãe, preparo o almoço do dia seguinte e um lanche para quando eles voltarem da escola. Se sobra tempo durante o dia, durmo antes do turno da noite. Mas não sobra muito tempo. Durmo umas três ou quatro horas de sono por dia.''

Observei admirado a casa asseada, cuidadosamente arrumada, e elogiei Charles. Ele disse: ''Quero que essas crianças conheçam o melhor.''

''Júnior ainda vive agarrado em você?''

''Não, agora está ótimo. Arrumou um amigo na vizinhança. Ficam juntos dia e noite. Está no primeiro ano. É um atleta, e bastante popular. Tenho muito orgulho dele. Aí vem a mãe do amigo de Charles.''

Nesse momento, uma jovem branca veio da casa ao lado. Charles apresentou-a como ''minha querida amiga Debby — que faz tanto por nós'', explicando que ela cuidava de Charles Jr. quando ele não estava em casa. Era separada do marido. O filho tinha a idade de Charles Jr., e os dois eram ótimos amigos. Charles parecia dar a Debby uma espécie de refúgio e proteção, e ela lhe propiciava o apoio e a companhia feminina pela qual ele ansiava desde a morte da esposa. Pareciam ter um interesse mútuo genuíno. Sentando-se perto de Charles enquanto conversávamos, Debby acrescentou idéias e comentários às afirmações dele. De vez em quando, os dois trocavam olhares, em busca de confirmação. Senti o vínculo que os unia. O problema da cor não parecia obscurecer a necessidade genuína de um pelo outro. Fiquei contente por Charles e senti que sua vida solitária parecia muito mais feliz.

Como se adivinhasse meus pensamentos, Charles começou a me falar sobre sua lancha-cruzeiro de 23 pés — ''paguei 5 mil dólares quando ela valia 24''. Ele fora tão gentil com o antigo proprietário que, quando o homem morrera, a viúva havia descoberto quanto Charles podia pagar e praticamente lhe ''dera'' o barco. Este ofereceu-lhe recreação e uma sensação de orgulho. Yolanda juntou-se à conversa e disse que ter um barco deixava-a entusiasmada. Charles Jr. contou-me como o havia manobrado. E Debby falou-me dos passeios que as duas famílias haviam feito naquele barco de sonhos. "Tem até um rádio", disse Yolanda. O barco servia a vários propósitos: restabelecer os laços de família, trazer Debby e o filho para mais perto deles e dar a Charles uma recompensa mais do que merecida por seu esforço e altruísmo.

Perguntei-lhe sobre os problemas do fato de ser negro numa comunidade em boa parte branca. Ele olhou para Debby, depois para os filhos, e disse: "Não é fácil. Por ser negra, minha mãe foi recusada pelo asilo por vários anos. Por fim, tive de fazer valer minha influência para que ela fosse aceita. Se não fosse policial por aqui, onde todos me conhecem..." Mesmo assim, ele se apressou em me assegurar que sentia um profundo senso de comunidade no bairro. Olhou novamente para Debby, como se pedisse para ela confirmar que a amizade de ambos era aceita pelos vizinhos. Ela assentiu com um gesto vigoroso. Ele se orgulhava bastante de ter sido aceito por aquela comunidade branca. Comentei que isso devia ter sido importante enquanto ele e os dois filhos se reajustavam após a tragédia da perda da mãe e da esposa. Ele afirmou que todos os vizinhos haviam ajudado sempre que ele precisara. Eles providenciaram para que ele não se sentisse só e para que sempre tivesse a quem recorrer nos momentos difíceis. Seu papel como policial respeitado fora, sem dúvida, importante para que conseguisse esse tipo de apoio.

Charles falou novamente dos benefícios da terapia familiar: "Depois que Yolanda fugiu, decidimos procurar alguém que nos ajudasse, que nos orientasse. E foi um milagre."

Senti que, realmente, eles haviam aproveitado a experiência. Até então, haviam vivido com a tensão e a tristeza de serem uma família com apenas um dos pais. Agora havia alegria no relacionamento deles. Charles tinha uma amiga, um barco, uma vida que não se restringia a seu trabalho. Os problemas de Yolanda haviam voltado a se enquadrar nos limites da rebeldia adolescente normal. Ela fizera experimentações perigosas, mas agora parecia ter encontrado o equilíbrio. As pressões para que fosse adulta numa família sem mãe haviam amainado. Ela parecia sentir-se aceita e respeitada pelo que era, agora podia ser uma adolescente. Tinha a confiança e a compreensão do pai — algo raro para uma adolescente. Charles Jr. parecia tão encantador e seguro quanto antes. Não havia amadurecido muito rápido, e fiquei satisfeito ao perceber isso. O pai, Yolanda e os amigos haviam lhe dado proteção e uma infância. Debby devia estar representando um papel vital em tudo aquilo, e senti-me grato também a ela.

"Vocês trilharam um longo caminho juntos", eu disse a todos.

"Estou dando o melhor de mim", disse Charles. "Estou fazendo tudo o que posso para construir uma família sem ela (ele ergueu o olhar para o retrato da esposa). Depois que eu fizer a minha parte, as crianças estarão sozinhas. Espero que se saiam bem."

O que Charles não disse foi que ele também ficaria sozinho e que também esperava sair-se bem. Fui embora com a certeza de que a família Cooper já se saíra bem.

CAPÍTULO III

A FAMÍLIA HUMPHREYS

História da família

Liz Humphreys, nascida na Inglaterra, é uma ruiva alegre, sempre bem-humorada e tentando alegrar os que estão à sua volta. Durante nossas conversas, comecei a perceber que ela era mais engraçada quando falávamos de problemas sérios. Apesar de absolutamente disposta a enfrentar problemas, ela dava a impressão de querer torná-los menos opressivos para os outros. Com trinta e sete anos, Liz é administradora de um consultório médico bastante procurado. Tem três filhos: Chris, de oito anos, Gillian, de dois, e A. J., de cinco meses. Howie, o segundo marido de Liz, trabalha para a Agência de Proteção Ambiental. Ele tem uma compleição robusta e é loiro, musculoso, bonito. Irradia uma impressão de força obstinada. Dificilmente alguém discordaria dele. Alegre e amistoso, Howie parecia estar em harmonia com todas as três crianças. Durante as visitas, ele observava cada uma delas com orgulho e fazia gestos positivos com a cabeça enquanto eles falavam.

Chris, um garoto magro, de cabelos castanhos, nasceu do primeiro casamento de Liz. Parece venerar o padrasto. Fica perto dele, observando-o pelo canto do olho. Embora seus gestos e fala lembrassem um pouco sua mãe, mais irrequieta, ele também puxara algo de Howie. Percebi sua identificação com o pai nas inflexões da fala e no modo atlético como ele se mexia. Quando a pequena Gillian veio correndo abraçar-se aos joelhos do pai, Chris se afastou. Não pude saber se ele sentiu-se desalojado por Gillian ou se a queria só para si, pois ambos eram bastante unidos. A garotinha de dois anos seguia-o constantemente e mexia em tudo o que era dele. Embora Liz se preocupasse com a rivalidade entre irmãos, percebi muita ternura entre os dois, e atenção da parte de Chris. Quando Gillian pôs em perigo uma torre que ele havia construído, foi quase com orgulho que ele disse: "Você *sempre* tem de se meter em tudo o que eu faço." Achei que Liz talvez estivesse vendo o relacionamento deles de maneira incorreta. Estaria ela também com ciúme? Chris parecia avidamente devotado a Gillian e ao padrasto. Talvez isso significasse uma perda para Liz, uma perda da antiga intimidade com Chris.

Durante nossas conversas, as três crianças ficaram correndo de um lado para outro, mas Liz continuou sendo o centro de atenção. Pedi-lhe que me falasse sobre si mesma, e, animada, ela me contou sua história. Tinha dezoito anos quando viera para os Estados Unidos com uma amiga adolescente, para "escapar de meus severos pais ingleses". Voltando uma segunda vez, ficara para trabalhar e passara a ser como um membro da família da amiga. "Eles me amam e eu os amo. Ainda vejo a mãe de minha amiga como uma segunda mãe." Liz embalava A. J. no joelho enquanto contava a história do primeiro casamento. Deixara a Inglaterra definitivamente com vinte e um anos, escapando do inglês "aborrecido" de quem ficara noiva. Cinco anos depois, conhecera o pai de Chris e em breve casou-se com ele. "Logo depois vi que ele era bastante parecido com meu pai — tremendamente rígido. O casamento não deu certo, e em menos de dois anos, depois que Chris nasceu, eu simplesmente fui embora. Vê quantos homens já abandonei em minha vida? Chris e eu vivemos sozinhos durante quatro anos. Foram quatro anos ótimos. Éramos tão unidos e ao mesmo tempo tão livres. Então, conheci Howie e vi que precisávamos um do outro. Ele queria e podia assumir a responsabilidade por uma mulher divorciada com um filho. E foi assim."

Howie sorriu. "Arrumei uma família num instante, e fomos felizes desde então. Há altos e baixos, mas, no geral, nos damos otimamente! Eu realmente me preocupo com meu relacionamento com Chris. Ele é um garotinho tão maravilhoso, tão sensível." (Howie olhou para Liz, como se quisesse dizer "igual a ela".) "Eu sabia que não era fácil para Chris deixar que eu me pusesse entre ele e a mãe como fiz. Assim, me empenhei bastante para mostrar-lhe que eu queria ser seu pai."

"Depois que conheci Howie, percebi que não poderíamos casar se ele e Chris não se relacionassem bem", disse Liz. "Chris tinha de fazer parte da relação. Quando nos unimos, Chris decidiu por si mesmo que não chamaria Howie de pai — que Howie era Howie. Nós lhe demos a opção, e ele decidiu tratá-lo por Howie — 'Você entende, é porque eu já tenho um pai.'" Ser leal ao pai dava a Chris um senso de estabilidade, mas também tornara-se uma causa de isolamento na nova família. "Tudo estava indo bem", prosseguiu Howie, "até que começamos a ter nossos filhos. Isso certamente tornou a situação mais difícil para ele. E talvez mais difícil para mim. Não é fácil ordenar os sentimentos. Eu simplesmente não posso me sentir do mesmo modo em relação a cada criança. Gostaria de poder. Sempre receio que Chris ache que eu o abandonei, mas isso não é verdade."

Famílias adotivas

VISITA AO CONSULTÓRIO

A família Humphreys veio a meu consultório com Gillian e o bebê.

Dr. Brazelton Olá, família Humphreys. Entrem. Como estão vocês?

Liz Bem, vamos sair de férias, e Gillian não anda bem já há algumas semanas. Não sei se ela está com algum começo de doença ou se é alguma outra coisa. Normalmente ela é bastante levada, mas nos últimos tempos tem andado quieta.

Quando o comportamento de uma criança se modifica, isso é sempre um sinal. Numa família como os Humphreys, com uma vida cheia de novos inícios, a mudança podia ter uma significação particular.

Dr. Brazelton (*Após olhar para Gillian*) Ela não tem febre. Posso ver pelo ritmo cardíaco. Não percebo nada de errado com ela fisicamente. Estará chateada com alguma coisa?

Liz Talvez. O irmão dela, Chris, está com o pai há um mês. Ela sente falta dele e parece confusa.

Dr. Brazelton Confusa?

Liz Sempre que ele diz que vai ver o pai, ela fica confusa e um pouco abatida durante algum tempo. Talvez seja isso.

Dr. Brazelton Ela é tão esperta e sensível. Chris tem grande importância para ela, para a família. Não admira que ela sinta falta dele.

Este tipo de depressão é bastante comum, mas Gillian não era a única que parecia triste.

Dr. Brazelton Você também sente falta dele?

Howie Bem, é verdade. Este ano, quando ele voltou para casa e disse que queria ir morar com o pai, nós realmente não soubemos o que pensar.

Dr. Brazelton Ele disse que queria ir morar com o pai?

Howie Sim. Providenciamos para que ele passasse o mês com o pai. No fundo, acho que isso é bom para ele — para todos nós. Mas meus sentimentos eram confusos. Ele voltou para casa carregado de presentes e histórias sobre jogos, festas e surpresas que o pai e a madrasta tinham programado para ele.

Dr. Brazelton Você se sentiu rejeitado?

Howie Acho que sim. Eu me senti constrangido. Não sei dizer exatamente quais foram meus sentimentos.

Dr. Brazelton O problema é que você pode passar esse sentimento de rejeição para as crianças.

A confusão e a mágoa de Howie podiam afetar seu enteado, assim como Gillian.

Howie Chris está nos desafiando. Eu me intrometi na vida dele e assumi a direção — de sua vida familiar, pelo menos. Eu achava que seria seu pai ou sua figura paterna, e agora percebo que não sabia exatamente o que estava fazendo. Não sou o pai dele e nunca serei.

Dr. Brazelton (*A Liz*) Você fica confusa por estar no meio disso? Pois, como sabe, é quase sempre o fulcro de tudo isso.

Liz Ah, sim, desde o dia em que nos casamos. Christopher realmente passou por um grande trauma naquele dia. Estávamos para ir embora, e ele disse: ''Eu só queria que fossem você e o papai se casando.'' Eu simplesmente me voltei — estava cansada e tivera um dia cheio — e respondi: ''Bem, só que não é assim, e é deste jeito que as coisas vão ser.'' Eu me senti aliviada em dizer isso, e pensei: ''Bem, era isso que eu queria dizer.''

Dr. Brazelton Você não tinha outra saída.

Liz Exato. Eu tinha de dizer aquilo, mas sei que foi doloroso para Chris. O pai dele casou-se no mesmo mês, e acho que tudo isso foi excessivo para ele.

Dr. Brazelton Você não precisa se defender por causa disso.

Liz Eu sei. Mas é assim que me sinto. (*Quando pressionada, ela fora bastante clara, mas depois retrocedera*) Sei que ele adora Howie — tem um grande respeito por ele.

Howie Passamos por momentos difíceis. Houve ocasiões *específicas* — sempre houve problemas na hora de desligar o televisor e ir para a cama. Quando lhe digo que é hora de dormir, ele simplesmente não aceita minha autoridade nisso. (*Um problema clássico*)

Dr. Brazelton Por que um garoto de oito anos diria de repente: "Eu quero morar com o meu pai"? Será que é porque você agora tem seu próprio filho? Será que ele se sente abandonado? De quem ele é filho?

Howie Acredito que seja isso. Acredito que sim. (*Olhando para A. J., de cinco meses*)

Dr. Brazelton Acredita?

Howie Sim, deve ser isso. Acho que percebi algo nesse sentido. Mas nada realmente mudou com o nascimento de A. J. Talvez ele apenas sinta isso.

Dr. Brazelton Vocês podem aproveitar este momento para esclarecer tudo, tendo em vista o bem de todos, não apenas o de Chris. Poderia ser bom também para Gillian.

Liz Ela compreenderia? Como poderíamos explicar-lhe?

Dr. Brazelton Explicar não é a questão. Isso pode ser artificial. Determinados sentimentos que a criança possa ter são bem mais vitais do que qualquer explicação que você possa lhe dar. Ela precisa é que vocês demonstrem claramente o que sentem. E que prestem atenção aos sentimentos dela. Olhe, Howie, se disser a Chris que o quer como filho seu, mesmo sabendo que ele deve ver o próprio pai, ele se sentirá mais forte. Ele é um felizardo por ter um padrasto que gosta tanto dele. Diga isso a Gillian também. Ela precisa saber que Chris não é rejeitado e que não vai embora.

Chris era um garoto de sorte, e devia saber disso. Era amado por duas famílias. Pertencia a ambas.

OS PROBLEMAS

A criança com duas famílias. A vida de Christopher está dividida entre duas famílias. O que isso significa para uma criança? Para ele, o que significa ser enteado numa família e visitante na outra? Pode ele realmente pensar que possui um território próprio? Chris pode achar que tem de estabelecer sua identidade, seja procurando Howie e Liz, seja deixando-os. Todos os pais com a responsabilidade da custódia passam de alguma forma por essa experiência. O pai de Chris obviamente tentava conquistá-lo também. As excursões e as indulgências eram indícios do quanto o pai gostaria de dar a Chris a sensação de que ele fazia parte da família. Mas Chris não morava com eles e não fazia realmente parte da família. Se fizesse, teria o mesmo problema ao tentar se ajustar à nova esposa do pai. Visitas de férias não dão à criança a base necessária para ela sentir-se em casa. O pai e a madrasta ainda tratavam as visitas dele como uma festa. Ele, sem dúvida, ainda os via como tangentes de sua família "de verdade". Contudo, o fato de seu pai gostar dele e de querer que ele o visitasse regularmente era muito importante. Por mais difícil que seja o divórcio e o relacionamento entre os pais, eu *sempre* aconselho que cada pai mantenha um contato íntimo com o filho o máximo possível. A criança que vê ambos os pais estabelecidos em novas vidas achará mais fácil renunciar à fantasia de que eles voltarão a unir-se.

A primeira regra em qualquer divórcio é que a criança não deve ser usada como uma bola de futebol entre os pais separados. Os direitos de visita devem ser tão claros e definidos quanto possível, de modo que a criança possa contar com a oportunidade de ficar com cada pai. Em *What Every Baby Knows*, discuto maneiras de fazer com que as visitas ou a custódia conjunta funcionem.

O retorno de um filho, depois da visita ao pai com o qual não vive, será sempre um momento difícil. Howie e Liz tinham plena consciência de que o pai de Chris podia mimá-lo. Por não ter outros filhos, dispunha de tempo para entretê-lo. Sendo menor sua responsabilidade, ele podia desempenhar o papel de padrinho. Chris não poderia deixar de mostrar isso na volta. Embora provavelmente fizesse isso para pôr os pais à prova, para se assegurar de que era querido em seu "lar", a comparação era dolorosa. Embora seu pai e sua madrasta o tratassem com rigor, ele permanecia na casa deles por muito pouco tempo para provocar problemas. Como visitante temporário, não se sentia sujeito às normas deles. O principal para eles era fazer Chris feliz e despertar nele o desejo de voltar. O contraste entre essa situação um tanto quanto irreal e seu próprio lar, onde ele tinha de ajustar-se diariamente às necessidades e exigências de quatro outras pessoas, levava-o a rebelar-se. Quando Liz e Howie reagiam a isso, ele ou se retraía, voltando-se para seu outro lar, ou fazia-os sentirem-se culpados por reprimi-lo. Crianças nessa situação aprendem habilmente a comunicar uma mensagem dupla — de orgulho ferido e vulnerabilidade associados a uma conduta provocadora e atrevida. São momentos universais em famílias de criação.

Um garoto que vive sozinho com a mãe divorciada precisa de uma figura masculina com quem possa identificar-se. Isso pode diluir a intensidade de seu relacionamento com a mãe. Howie entrara para a família num momento crítico para Chris. É fatal, porém, que o ajustamento a um padrasto, depois de uma intimidade intensa com a mãe sem marido, envolva conflito. Num mundo ideal, é bom o menino saber que terá o apoio do pai enquanto estiver tentando ajustar-se ao padrasto. A transição, de ser o bebê da mãe para formar um relacionamento com o novo padrasto, já é árdua o bastante sem a sensação de que é preciso fazer uma escolha entre pais. O próprio pai poderia ser de maior ajuda para Chris proporcionando-lhe segurança e atenção enquanto ele aprendia a construir um relacionamento estreito com Howie. Mas poucos pais divorciados têm condições de ser tão altruístas. Seus próprios temores de ser abandonados e o senso de competição representam um obstáculo.

O nascimento de um bebê na nova família ameaça novamente o relacionamento com o padrasto. Se os adultos forem compreensivos, a criança mais velha poderá formar um vínculo sólido com a meia-irmã, ou o meio-irmão, como Chris fez com Gillian. Ajudando a cuidar de Gillian, ele se identificaria com os pais. Talvez ele se sentisse excluído por causa dela, mas parecia vê-la também como um meio de acesso à família. Quando juntos, Chris demonstrava orgulhar-se de Gillian e era atencioso com ela. O fato de poder usá-la para projetar seus sentimentos e seu medo de ser rejeitado pela família quando ia para sua outra casa mostrava como ambos eram apegados. Quando voltava para casa e a evitava, embora perguntasse ostensivamente sobre o novo bebê, estava tentando magoá-la. Durante a última gravidez de Liz, Chris e Gillian formaram uma aliança — positiva e negativa —, pois enfrentam um novo invasor. Nesse aspecto, agiram como verdadeiros irmãos.

Compartilhando um filho após o divórcio. Após a dor de um casamento desfeito, um pai atencioso inevitavelmente desejará agradar os filhos desse casamento. Se fizer um segundo casamento e for bem-sucedido nele, esse pai pensará que os filhos do primeiro casamento ficaram magoados ou potencialmente prejudicados. Liz teve uns "poucos anos abençoados" sozinha com Chris. É inevitável que agora quisesse compensá-lo pelo que ele (e ela) sentia como uma ruptura daquela intimidade. Quando ele demonstrasse qualquer mágoa ou rebeldia, ela inevitavelmente tomaria isso de modo pessoal. Uma mãe atenciosa como ela se culparia por todos os problemas que, de qualquer modo, ele enfrentaria em sua idade. Tudo isso seria inconsciente, mas ela inevitavelmente compararia o tempo presente, que a seu ver seria bastante exíguo, com os anos posteriores à sua separação do primeiro marido, quando ela e Chris haviam sido muito unidos. Ela se lembraria do Chris desse período de proximidade e o compararia ao Chris que ela "colocara em risco" por ter-se casado e por tê-lo trocado por uma nova família. A chegada de um novo bebê faz lembrar a um pai ou uma mãe divorciados proximidade que tiveram com o primeiro filho. Se o filho mais velho se rebelar, seja por causa da rivalidade, seja por causa da aproximação da pré-adolescência, seus sentimentos de perda e culpa serão intensificados.

Nesse ponto, muitas crianças que vivem com a mãe tentarão restabelecer aquilo de que sentem falta voltando-se para o pai. A reação que isso provoca na mãe não lhes passa despercebida. Sentimentos de ciúme e competição são inevitáveis num casal divorciado após um novo casamento. O pai pode culpar o filho por ser "mimado" e por ficar contando vantagem sobre o que acontece na casa do outro pai. Inconscientemente, ele está com medo da competição. Essa culpa pode reforçar na criança uma sensação de ser diferente, excluído. É provável então que a criança provoque os pais para suscitar sentimentos fortes que lhe mostrem que ela realmente faz parte da família. Tais provocações exigem uma reação firme, porém amorosa.

É inevitável que uma mãe na posição de Liz preocupe-se com a possibilidade de perder o filho, mas isso não é necessário. Ele precisa dela e da nova família e tem plena consciência disso. É prudente evitar comparações entre as vantagens e os privilégios de uma e outra família. A criança saberá qual é a mais legítima para ela, mas precisa de ambas. Comparações criam uma situação difícil para a criança, como se ela tivesse de fazer uma escolha. Um filho de pais divorciados nunca pode fazer uma escolha. Ele precisa de ambos os pais, se eles estiverem acessíveis. Ele precisa deles de modo diferente, e pode identificar essas diferenças, contanto que não se faça dele um joguete entre os dois.

Uma das maneiras mais eficazes de fazer com que a criança sinta que pertence a alguém é estabelecer normas firmes e pedir-lhe que preste auxílio de maneiras específicas. A criança se sentirá mais parte de uma família na qual desempenha um papel útil e responsável do que numa família totalmente indulgente. A família que detém a custódia não precisa preocupar-se com esses aspectos, pois a criança *vive* com ela.

Quando a criança volta de uma visita a outro pai, há três medidas que a família pode tomar para que o regresso seja mais tranqüilo.

1. Faça-a sentir-se bem-vinda e desejada. "Queremos você de volta. Você é importante para cada um de nós. Quando voltar, tão logo sinta vontade, dê um abraço em cada um de nós. Precisamos disso. Precisamos voltar a ser uma família completa outra vez. Não nos sentimos completos quando você está fora."

2. Faça-a sentir-se necessária. "Em nossa família, para que ela funcione, cada um tem tarefas a fazer. As suas são ________. As de sua irmã são ________, e quando o bebê for grande o suficiente, as dele serão ________. Talvez você possa ensiná-lo. Ele gosta muito de você."

3. Pare de falar sobre os problemas da criança — ela aparentemente talvez goste de deixar a família agitada. Mas, agindo assim, ela passará a ser tida como uma estranha. Além disso, de uma maneira sutil, isso pode levá-la a identificar-se com o lado

fracassado do primeiro casamento. A criança, quando sabe que a família confia nela, não sente necessidade de rebelar-se para chamar a atenção e gradualmente deixa de pôr o resto da família à prova.

O *padrasto*. Nos Estados Unidos de hoje, ouve-se com freqüência a expressão "mesclada" (*blended*) para descrever famílias que combinam filhos de casamentos anteriores. Tais famílias são muito comuns. Em 1990, haverá mais pessoas fazendo parte de um segundo casamento que de um primeiro. Mas o fato é que essas famílias raramente se mesclam por completo. Crianças e adultos com diferentes histórias e experiências não se tornam indistinguíveis uns dos outros. Eles vivem juntos, mas trazem o passado consigo. A idéia de que duas famílias irão se homogeneizar, sem que isso acarrete tensões, é confundir desejo com realidade. A história de Cinderela e a madrasta malvada dos contos de fada refletem nossa compreensão inconsciente do conflito potencial. Boas intenções não eliminam as diferenças. Contudo, quando as diferenças são encaradas de frente, pode-se desencobrir soluções que estavam ocultas. Por exemplo, quando encarou o fato de ter rompido o relacionamento entre Liz e Chris, Howie passou a aguardar com maior paciência que Chris o aceitasse. Compreender o ajustamento que outro membro da nova família está fazendo ajuda a reduzir o ressentimento. Contudo, novas crises, especialmente as relacionadas à disciplina, tornam muitas vezes necessário encarar a distinção entre ser pai (ou mãe) e ser padrasto (ou madrasta).

As queixas comuns de padrastos e madrastas incluem:

1. Falta de respeito dos enteados. Em ocasiões de confronto, os enteados deixam claro que não são obrigados nem pretendem obedecer o padrasto.
2. O relacionamento com o enteado não pode ser equivalente àquele com um filho natural.

3. Os padrastos sentem que seus cônjuges, os pais naturais, não oferecem apoio e protegem em demasia o próprio filho, tornando a disciplina ainda mais difícil.
4. Marido e mulher nunca encontram tempo para si mesmos. Quando encontram, muitas vezes percebem que se dão melhor sem as crianças.
5. Os padrastos sentem que nunca têm prioridade.
6. Os enteados tornam-se mais rebeldes depois de uma visita ao pai que não tem a custódia.

Todos esses desafios da condição de padrasto podem ser observados na situação de Howie. No que toca a Liz, é inevitável que ela proteja Chris. Ele sofreu bem mais que os dois filhos seguintes. Eles só conhecem uma família estável. Ela sabe que fez Chris sofrer mais, e, de certo modo, quer compensá-lo por isso. Embora perceba que está cometendo um erro ao dificultar a disciplina imposta por Howie ou o relacionamento dele com Chris, tal reação parece-lhe instintiva.

Tal como em muitas famílias, as questões de disciplina só começam a surgir meses depois do novo casamento. Liz e Howie haviam-se empenhado a fim de preparar Chris para o casamento e para a separação que este significaria. Na época em que tomaram a decisão, Howie e Chris já eram amigos. No entanto, Chris gostava de Howie como *visita*. Quando ficou claro que ele seria um intruso permanente, o ressentimento de Chris começou a aflorar.

No início, Chris ansiava por uma figura masculina. Após anos em companhia apenas da mãe, Chris encantara-se com Howie. Logo, porém, a presença de Howie começou a entrar em conflito com o sonho universal: o de que sua mãe e seu pai voltariam a unir-se. Muito embora cada pai tivesse um novo cônjuge, na mente de um garoto de cinco anos o pensamento mágico pode fazer milagres. Mas Howie tornara o sonho impossível.

Tendo entre cinco e seis anos, Chris obviamente teria de receber disciplina em determinadas ocasiões. Por sentir pena do filho — afastado do pai, privado da atenção plena da mãe —, Liz encontrava dificuldades para discipliná-lo. Se a acorresse nessa tarefa, Howie com certeza provocaria uma reação dupla — de Chris: "Você não é meu pai"; de Liz: "Você é muito severo com ele. Não sabe o que ele passou." Howie se sentiria excluído. E Chris receberia mensagens conflitantes justamente no momento em que precisaria de consenso. Escuto isso o tempo todo de famílias que têm enteados.

A resistência ao padrasto como figura adequada de autoridade é inevitável. Se pudesse permitir que Howie se tornasse uma autoridade para Chris, Liz fortaleceria o relacionamento deles. Chris precisava de Howie e tinha adoração por ele. O que se podia ver quando ambos estavam juntos. Se Howie participasse do disciplinamento de Chris, a interdependência deles se aprofundaria e ficaria mais sólida. A disciplina é parte vital da relação pai-filho. O próprio fato de Chris colocá-la à prova sempre que regressava, num momento em que devia sentir-se mais inseguro quanto a seu papel na família Humphreys, atestava isso.

Howie nunca poderia realmente tratar Chris e seus próprios filhos do mesmo modo. Para os padrastos, é bastante útil constatar que os pais nunca tratam os próprios filhos da mesma maneira. Embora possam tentá-lo, isso simplesmente não é possível. Personalidades diferentes exigem reações diferentes. Essas diferenças são ampliadas numa família de criação. Os padrastos inevitavelmente se perguntam se são demasiado rudes ao discriminarem um enteado, ou demasiado indulgentes. Filhos de criação naturalmente se aproveitarão disso. Howie e Liz precisavam continuar a conversar sobre as diferenças individuais entre Chris, Gillian e A. J., diferenças de idade e de estágios de desenvolvimento, diferenças que todos eles suscitavam nos pais. Do contrário, em épocas de crise, tanto Howie quanto Liz continuariam a achar que estavam discriminando Chris. Se pensassem assim, ele também pensaria.

Quanto maior o desprendimento e a objetividade de Howie, melhor para o relacionamento. Mas é difícil não tomar o mau comportamento de modo pessoal. A ânsia para encontrar um papel junto a um enteado que seja tão estável quanto um papel junto a um filho próprio é comum para um padrasto. Para uma pessoa atenciosa como Howie, é difícil aceitar o papel de padrasto como condicional. O fato de que ele não teve nenhum relacionamento com Chris durante os quatro primeiros anos da vida do menino sempre existiria. Viver com a criança desde o nascimento dá mais segurança ao pai. Howie podia orgulhar-se de tudo o que ensinara a Chris e da profunda identificação que o garoto tinha com ele, mas, à medida que Chris se aproximasse da adolescência, essa identificação seria posta à prova com rebeldia. Para Howie isso seria doloroso caso não compreendesse que a rebeldia do garoto estava baseada na segurança que ele aprendera a sentir.

Mark Rosen, em seu livro *Stepfathering*[1], apresenta princípios importantes que podem ajudar pais de enteados a olharem para além de suas experiências individuais e verem os aspectos universais da situação. Resumidamente, consistem no seguinte:

1. A personalidade e as necessidades de cada criança são únicas, moldadas em parte pelos efeitos dos cuidados iniciais dos pais e pelos efeitos do divórcio, mas também pelo temperamento inato. Assim, as diferenças entre enteados e filhos naturais de maneira alguma resultam de diferenças nos cuidados paternos.
2. É inevitável que você reaja de modo diferente à cada criança, e as diferenças entre enteados e filhos naturais constituem apenas um fator.
3. O comportamento dos enteados melhorará depois que você se casar e eles estiverem mais seguros.
4. Toda mudança em sua família tanto ameaçará quanto fortalecerá seu relacionamento com os enteados. Não será mais o mesmo. Ajude os enteados a compreender isso, a se ajustarem

1. Nova York, Ballantine Books, 1987.

a isso. Eles não precisam gostar da mudança, mas precisam compreender suas próprias reações. Um novo bebê, por exemplo, será inevitavelmente uma ameaça.

5. Sentimentos positivos em relação a seu cônjuge ajudarão o relacionamento com seus enteados.

6. Apoio mútuo e comunicação aberta são vitais para a manutenção de um bom relacionamento entre padrasto (ou madrasta) e enteado. Se seu cônjuge não apoiar você e discordar quanto a seu papel junto aos filhos do casamento anterior, a chance de haver um bom relacionamento se reduzirá enormemente. Seu cônjuge deve apoiar você, particularmente em questões disciplinares ou de importância vital.

7. O padrasto ou a madrasta podem ajudar a resolver os problemas se não se envolverem e se minimizarem os conflitos ao invés de encorajá-los ou perpetuá-los.

8. O outro pai está sempre presente na vida de uma família que tem enteados. Mantenha com ele ou ela o melhor relacionamento possível.

Uma das medidas mais importantes que Howie e Liz podem tomar é reservar um momento especial da semana para passarem com Chris, sem a presença dos outros filhos. Se cada um deles puder ficar sozinho com Chris, ele poderá continuar a desenvolver e fortalecer seu relacionamento com eles e a ver claramente o quanto é importante para a família.

PERGUNTAS COMUNS

Pergunta Os momentos mais difíceis são quando meus enteados saem de casa e depois voltam. O que o senhor me aconselharia?

Dr. Brazelton Sim, essas ocasiões são realmente difíceis, pois a cada uma delas vocês têm de por à prova seu relacionamento. Prepare as crianças e a si mesmo antecipadamente, tão bem quanto puder. Solucione as tensões conversando abertamente, de modo que todos possam compreender o melhor possível essas ocasiões. Com o decorrer do tempo, você aprenderá com as crises, e lhe será mais fácil superá-las. Agüente firme e tenha fé!

Pergunta Nossos dois filhos mais novos ficam terrivelmente desolados quando as crianças mais velhas vão visitar o outro pai. Eu nunca sei o que dizer.

Dr. Brazelton Prepare todas as crianças para a separação — diga-lhes que sentirão falta umas das outras e que provavelmente brigarão depois. Peça aos que vão embora para telefonar e manter contato, ou então telefone você. Quando elas voltarem, faça uma reunião em que todos contarão o que aconteceu durante a separação. Durante o processo, todos voltarão a sentir-se uma família novamente. Enquanto os outros estiverem fora, as crianças mais novas, que ficaram em casa, vão sentir-se sozinhas; assim, para consolá-las, leve-as a passeios especiais.

Pergunta Tenho dificuldade para impor limites a meu enteado. Ele fica emburrado e retraído. Isso me aborrece, mas tenho medo de mostrar minha irritação para ele. Não sei o que fazer nessa situação, que se complica ainda mais por ele ser adolescente. Com meus próprios filhos, posso ficar zangado, porque sei que eles não deixarão de me amar por isso; mas, com meu enteado, não posso ter essa certeza.

Dr. Brazelton Essa é a maior dificuldade para o padrasto ou a madrasta — a incerteza quanto a seu papel. Eu conversaria com ele a respeito. Peça-lhe conselhos sobre como e quando você pode se envolver. Faça-o perceber que você quer o bem-estar dele e que se preocupa profundamente com isso. Ele provavelmente vai reagir. Você vai mostrar-lhe que o respeita se deixá-lo ajudar no estabelecimento de seus próprios limites. Isso, porém, não eliminará as tensões entre vocês. A rebeldia nesse estágio de desenvolvimento é inevitável. Mas uma conversa a esse respeito dará a vocês uma base mais firme para o relacionamento.

Pergunta Os relacionamentos padrasto-enteado podem dar certo? Tenho minhas dúvidas. Amigos que pensam em se casar com alguém com filhos dizem: "Será que dá certo?"

Dr. Brazelton Sim, desde que não se espere muito. Não se pode substituir os pais verdadeiros. E você tem de aprender a conviver ou com o mito ou com a realidade do pai verdadeiro. Mas, ainda assim, você pode ser uma figura muito importante para eles. Eles precisam de você. E podem lhe proporcionar novas experiências, se você conseguir estabelecer um bom relacionamento com eles — algo entre a posição de pai responsável e a de amigo.

Pergunta As expectativas que eu e meu marido temos em relação ao comportamento de nossos filhos parecem ser diferentes das do pai e a madrasta. As crianças chamam nossa atenção para isso.

Dr. Brazelton Eu tornaria claros e distintos os padrões de sua família. A outra família que tenha os dela. Não tente competir com o outro padrão, nem mesclar os dois. Assim como as crianças aprendem a lidar de modo diferente com cada pai, elas aprenderão a lidar de modo diferente com cada família. Um dos problemas é que elas sempre compararão a sua de modo desfavorável em relação à outra. Se você conseguir ser bastante forte, evitará a comparação. Por isso, fique firme.

Pergunta Às vezes acho que minha enteada se porta de maneira acintosa e arrogante. A mãe dela chama esse comportamento de refinado. O senhor tem alguma sugestão?

Dr. Brazelton Você e a mãe estão se atacando através dela? Suas divergências só vão encorajar esse tipo de comportamento. Se você ignorá-lo quando ela estiver com você, ela receberá a mensagem, sobretudo se vocês tiverem um relacionamento bom.

Pergunta Minhas filhas admiram mais os valores materialistas de minha ex-esposa do que os valores idealistas de minha esposa atual. O que podemos fazer para contrabalançar isso?

Dr. Brazelton A mãe e a madrasta delas têm, cada uma, algo diferente para lhes oferecer. Você ainda está competindo com sua ex-esposa por causa delas? Isso não fará bem a ninguém.

Pergunta Uma de minhas filhas chorou durante toda a cerimônia de meu casamento. Quando ela chegou na adolescência, eu estava disposta a expulsá-la de casa. Mas, quando entrou na faculdade, ela me escreveu na primeira carta que sentia-se feliz por ter duas famílias. As demonstrações de rebeldia dela foram bastante traumáticas para nós, mas conseguimos superar. Depois que conseguiu um pouco de independência e saiu de casa, ela conseguiu uma perspectiva do que isso significava para ela.

Dr. Brazelton É isso que é necessário — paciência, flexibilidade e um bocado de tempo.

A família Humphreys revisitada

Numa bela tarde de setembro, quatro membros da família Humphreys estavam a minha espera no pátio de sua pequena casa, num povoado perto de Worcester, Massachusetts. Chris, agora com onze anos, estava na mata atrás da casa com um amigo, montando uma tenda para a noite. Gillian, de cinco anos, e A. J., agora com um ano e meio, estavam com os pais; eram parecidos com a mãe e robustos como o pai. Gillian tinha um andar ágil e lépido, como Liz. A. J. caminhava de maneira mais lenta e firme, como o pai. Observando a esposa, mais dinâmica e tagarela, Howie parecia calmo e confiante.

O pátio, muito bem cuidado, era ornado com lindas fileiras de flores e arbustos e provido de vários equipamentos de diversão — brinquedos, triciclos, um aro de basquete, trepa-trepa, todos com sinais de que eram usados com freqüência. Embora o pátio fosse destinado às crianças, que logicamente não o mantinham em ordem, o toque seguro de Liz no jardim emprestava-lhe beleza.

No interior da casa, tudo estava limpo e bem arrumado. A sala de estar parecia saída de um manual de decoração. Não acreditei que a casa se mantinha assim o tempo todo, até que vi a "sala da família". Aquilo sim era um caos! Tratava-se de uma sala para o uso de toda a família — com brinquedos, espreguiçadeira, pilhas de livros, televisão.

Queijo e biscoitos foram servidos. As crianças assaltavam a bandeja de vez em quando, mas mesmo o pequeno A. J. parecia respeitar o fato de que estávamos numa reunião de adultos. Eles entravam para me observar, ou até mesmo para escutar a conversa por alguns instantes, mas logo depois saíam para brincar. Para eles, não era necessário nos provocar para chamar a atenção. Pareciam saber quais eram as ocasiões apropriadas para recebê-la. Penso que percebi a razão daquela clara noção de limites — sempre que estavam prestes a invadir nosso espaço, tanto o espaço físico quando o da conversa, a mão ou a voz firme de Howie os impedia. Eles o respeitavam. Também o adoravam. De vez em quando, ambos subiam no colo dele e se deitavam em silêncio. Com Liz, algumas vezes eram mais provocadores, tentando interrompê-la enquanto ela gracejava ou conversava comigo. Quando não conseguiam, olhavam brevemente para Howie e sossegavam. Ele parecia uma âncora bem firme para aquelas duas crianças.

Depois de algum tempo, Christopher irrompeu na sala e me cumprimentou com um enorme sorriso. Ele se lembrava de nosso primeiro encontro. Pré-adolescente alto e corado, encarava as pessoas diretamente, embora ao mesmo tempo parecesse querer o reconforto. Seu jeito brincalhão não era tão seguro quanto o da mãe. Pude perceber que ainda estava pondo seus problemas em ordem e que ainda enfrentava alguns conflitos interiores. Era, porém, tão bonito, tão confortavelmente másculo, que sem dúvida iria solucioná-los. Chris trouxera um amigo, um garoto de onze anos, maior do que ele, que me examinou como se hovesse recebido de Chris informações a meu respeito.

"Estamos fazendo uma lareira de pedra perto da barraca", anunciou Chris. Ele parecia saber a resposta já de antemão.

"Nada de fósforos", disse Howie.

"Teremos cuidado. Colocamos pedras em toda a volta. Mesmo que a grama pegue fogo, ele não vai se alastrar."

"Nada de fósforos", repetiu Howie.

Chris continuou tentando convencer Howie, o qual se voltou para a esposa, como que pedindo ajuda.

Liz assumiu o comando imediatamente e disse: ''Chris, Howie está falando sério. Nada de fósforos.''

Resignado, Chris olhou para mim, mas tive a impressão de que esse tipo de interação devia ser bastante típico. Howie, tão seguro e determinado com os dois filhos, provavelmente fervia por dentro ao ser pressionado e voltava-se para a esposa, que então intercedia. Suspeitei que Chris geralmente não deixava que a coisa terminasse ali.

Mais tarde, quando falei com Howie a respeito, ele admitiu que ainda sentia-se angustiado por Chris ter dois pais. Ele sequer tinha certeza se podia ser tão firme e resoluto com Chris quanto achava necessário. No entanto, estava claro para mim que Chris precisava dele como uma autoridade firme e segura. Howie sem dúvida era devotado a Chris. Antes de minha chegada, ele estivera na mata ajudando os garotos a armar a barraca. Observava Chris com profunda atenção. Falava como se fosse pai de Chris. Não era um estranho para Chris. Mas quando havia uma crise, como nesse episódio de provocação, sem importância, Howie parecia ficar inseguro, o que Chris percebia e manipulava. Tive a impressão de que a incerteza de Howie angustiava Chris, de modo que ele continuava a colocá-lo à prova e a sondá-lo. Essa área de incerteza devia lançar uma sombra no relacionamento.

''Chris teve um ano bem duro'', disse Liz. ''Sofreu vários acidentes e contraiu algumas doenças — espetou um anzol no dedo, levou três picadas de abelha e extraiu dois dentes.'' Chris mexeu a cabeça, como que concordando. ''E ele não tem se saído muito bem na escola; assim, nós lhe arrumamos uma terapia.'' Nesse instante, Chris saiu da sala, permanecendo, porém, no aposento ao lado, com o amigo, como se estivesse escutando. Percebi que ele freqüentemente era o centro de tais discussões sobre o seu bem-estar e, portanto, não tentei mudar de assunto.

''Chris está confuso'', disse Liz. ''Visita o pai a cada quinze dias, nos fins de semana, e todo verão passa um mês com ele.

Fica sozinho com o pai e a madrasta. Como eles não têm filhos, ainda podem dar toda a atenção a Chris. Fazem com ele todo tipo de viagem. Nós não podemos pagá-las. Ainda por cima, dão um jeito para que fiquemos sabendo quantas coisas fizeram por ele. Pelo menos, é o que parece. Aqui, ele é apenas mais um membro do bando. Nós o tratamos apenas como um de nós. O pai dele tem expectativas bem altas. Quando Chris está lá, tem de se comportar. Ele volta para casa exausto. Para desabafar, faz provocações e apronta a maior confusão quando volta. Descarrega quase todos seus problemas em Gillian. Quando nos encontramos com o senhor, há dois anos, o senhor nos disse que isso aconteceria. Quando A. J. nasceu, o senhor disse que o mais difícil para Gillian seria quando Chris se voltasse para o bebê e a deixasse de lado. Agora, quando ele está sob tensão ou zangado, ele se volta para A. J. e deixa-a de lado. Neste verão, ele telefonou da casa do pai e pediu para falar com A. J., não com Gillian. Isso deixa Gillian muito, muito triste. Quando Chris percebe isso, ele a provoca, e eles acabam sendo cada vez mais competitivos.

A preocupação de Liz mostrava que esse era o meio mais seguro de Chris atingir toda a família. ''Ela é uma criança tão afável. Parece tão segura. Acho que isso irrita Chris. Ele tem de dar duro para ser o maioral aqui. Sempre que ela ameaça essa posição, ou quando faz alguma coisa corretamente, Chris judia dela. Nenhum de nós consegue agüentar isso — ficamos todos zangados. Ele parece adorar, e é por isso que nós o colocamos na terapia. Ele disputa Howie constantemente. Ele pergunta: 'Qual de nós é o melhor?' ou 'De quem você gosta mais?' Como é que Howie pode responder? Pelo menos ele é bastante seguro com Howie. Procura ser bom para o pai. O pai ensina-o a jogar golfe; eles o levam todas as noites aos *drive-ins*. Nós não podemos pagar tudo isso para Chris. De qualquer modo, nós fazemos as coisas como uma família.''

Fiquei imaginando por que Liz e Howie pareciam estar numa posição defensiva em relação ao pai de Chris. Minha impressão era que qualquer criança gostaria de fazer parte daquela família grande e acolhedora.

"Acho que o pai dele, se pudesse recomeçar tudo outra vez, faria tudo diferente", disse Liz. "Ele gostaria de ser o único pai de Chris. Imagino que é duro para ele aceitar a importância de Howie para Chris."

Tentei imaginar o que significava para Chris ser motivo de disputa. Quando mencionei isso a Liz, ela disse: "Eu não o disputo; apenas me sinto contrariada. O dr. M. (o psiquiatra para quem ela trabalhava) diz que me defendo porque acho nossa vida aborrecida em comparação com a do pai de Chris, e que passo a Chris meus sentimentos competitivos em relação ao pai dele."

"Talvez Chris tenha a necessidade de instigar esses sentimentos para desviar sua atenção das duas outras crianças", sugeri. "Posso ver que vocês se sentem calmos e seguros com eles."

"Eu me empenhei tanto para não cair nessa competição. Isso afeta Chris. Ele não está se esforçando na escola e arruma problemas. Isso até o torna impopular com os colegas de classe. Ele se porta como bobo e tenta ser o palhaço. Está passando por um período difícil."

"Eu era igualzinho a ele", disse Howie. "Não me aplicava e simplesmente desviava a atenção do problema real. Era o piadista da classe. Por ser o mais jovem, tendo duas irmãs mais velhas, fui mimado. Identifico-me um bocado com Chris — talvez até demais. Eu também tinha esse jeito irritante de chamar a atenção."

Enquanto ele falava, percebi o quão profundo era seu interesse por aquele garoto. Seu próprio passado podia estar interferindo em sua capacidade de disciplinar Chris.

"O psiquiatra de Chris diz que cada um de nós devia passar uma ou duas horas a sós com ele", disse Liz. "Nós simplesmente não conseguimos ainda."

"Concordo que essa é uma maneira excelente para cada um de vocês se aproximar dele e fazer com que ele perceba essa proximidade. Cada um de vocês deve fazer isso separadamente. Assim, ele poderá desabafar de vez em quando."

"O problema", disse Liz, "é que, quando lhe dispenso atenção especial, ele fica irritante, como se não se sentisse à vontade sozinho comigo. E, quando ele fica irritante, não consigo suportá-lo. Chego a deixar de gostar dele, e detesto isso. Ele foi um bebê tão bom, um garoto maravilhoso até os quatro anos. Ele foi só meu antes de eu me casar com Howie, e desde então ele tem sido difícil."

Percebi que ela ainda não aceitara realmente a associação entre a raiva natural de Chris por causa do segundo casamento e a culpa que ela sentia. Ela precisava trabalhar a sua parte desse problema.

Liz prosseguiu: "Meu pai não conseguia tolerar a idéia de que eu viesse a me divorciar, embora minha vida fosse horrível com meu marido. Ele dizia apenas: "Agüente." Ele é inglês, o senhor sabe, muito arrogante. Agora já gosta mais de Howie e está satisfeito por eu ter feito o que fiz. Mas, na época, ele realmente conferiu a meu divórcio um tremendo senso de fracasso."

A percepção de Liz começava a esclarecer a causa do comportamento difícil de Chris, que podia ser uma reação a todos os sentimentos de culpa de sua mãe. Nesse momento, como se quisesse aliviar o sofrimento de Liz, Howie começou a falar sobre a sua recente procura de empregos e a agitação que ele provocara.

"Acho que fiz Liz e o garoto passarem maus pedaços. Eu realmente não gostava de meu trabalho — eu achei que estava ficando velho demais para ele. Trabalhava para a Agência de Proteção Ambiental, onde analisava a fumaça. Tinha de subir em todas as chaminés desta parte do país. Durante um bom tempo foi excitante. Mas comecei a me achar velho demais para o serviço. Deixei esse emprego e já há alguns anos que não paro em nenhum. Gosto de pensar que estive aprendendo sobre outras opções de carreira, mas sei como foi difícil para Liz e a família. Agora tenho um emprego a quarenta e cinco minutos daqui, uma renda estável. É mesmo um alívio."

Liz, com seu jeito gozador, demonstrou a tensão que havia sentido. ''Eu sabia que ele era brilhante, mas ninguém mais parecia notar isso. Tive de me esforçar bastante para seguir em frente como se nada estivesse acontecendo. O dr. M. permitiu que eu fizesse horas extras para podermos arcar com todas as despesas. Tínhamos de manter as aparências nesta cidadezinha. Todos nos conhecem muito bem.''

Imaginei se o público para quem tinham de manter as aparências incluía o ex-marido, e talvez até mesmo Chris.

''Temos sorte, porém'', continuou Howie. ''Nossa família é ótima. Veja o que superamos. Quando vivíamos além de nossas posses, eu ficava apavorado. Mas eu queria isso para Liz. Agora conseguimos, e pela primeira vez alcançamos a segurança. Digo a Liz: ''Agora pode aproveitar!'' Mas ela está sempre preocupada. Mesmo quando tudo vai bem.''

A explicação anterior de Liz se encaixava: ela achava merecer o fracasso por ter sido teimosa e obstinada, por ter deixado o primeiro marido. Seu medo de fracassar fizera ampliar enormemente os problemas de Chris. Ela os tomara de modo pessoal. O perigo era ela, inconscientemente, encorajar Chris para o fracasso. Eu queria muito ajudá-la a perceber que seus êxitos eram maiores do que o fracasso que ela pudesse sentir. Liz era uma mulher maravilhosa, muito valente.

Howie levou a conversa de volta para Chris. ''Eu me sinto culpado sempre que bato em Chris. Com ele, sinto-me duas vezes mais severo do que com meus filhos, embora as normas sejam as mesmas. Se brigo com ele por causa de alguma coisa irritante, fico preocupado durante horas.''

''Ele está apenas colocando-os à prova'', eu disse. ''Gosta de manipular. É típico da idade. Ele precisa que você estabeleça limites firmes e que se interesse por ele. Isso está claro em tudo o que você diz.''

''Sim, interesso-me por ele'', disse Howie. ''Sinto como se ele fosse parte de mim, quase que muito parecido comigo.''

"Pelo menos, resolvendo isso com Chris você está aprendendo um bocado de coisas que irão ajudá-lo consigo mesmo."

"Quando A. J. não obedece, você fica bravo com ele", disse Liz.

"Mas não é a mesma coisa. Com A. J., eu sei o que estou fazendo."

Eu disse a Howie e Liz que estava muito satisfeito por eles estarem resolvendo esses problemas na terapia. Essas tensões existem em todas as famílias separadas e famílias com enteados. Elas devem ser trabalhadas de maneira explícita e conjunta. Quando elas persistem e tornam-se causa de sofrimento, é prudente buscar ajuda. Se conseguisse reconhecer seus sentimentos por Chris e os efeitos perturbadores do rótulo "não meu", se percebesse quão poderosa poderia ser sua identificação com Chris, se deixasse de ter medo de transferir suas falhas a Chris, Howie talvez pudesse relaxar e apreciar Chris. À medida que Chris se aproximasse da adolescência, a luta logicamente se intensificaria. Chris ficaria mais independente, embora também mais seguro de sua identificação com Howie. Howie deveria ser confiante o suficiente para tolerar isso.

Embora Liz dissesse que aprendera a não se envolver nisso, não acreditei inteiramente nela. Por mais que tentasse ser uma mãe distanciada, ela fazia parte de um triângulo, e assim era inevitável que fosse disputada por Chris e Howie. Teria de tomar as falhas de Chris de modo menos pessoal para poder apoiá-lo mais objetivamente. O próprio Chris precisaria aprender a ser bem-sucedido em relações pessoais importantes. Eu torcia para que a terapia fizesse isso por ele.

Chris tinha muito vigor e prometia muito. Seu humor e interesse pelos outros o levariam longe. Ele obviamente queria se aproximar de mim, a despeito do papel que parecia me caber ali — sondar seus pais a seu respeito. Ele me levou para a sala da família. Quis saber se eu tinha perguntas a fazer a ele. Eu não tinha, pois achava que seria intromissão da minha parte sondar seus sentimentos sem poder lhe oferecer muito em termos de uma relação duradoura. Comentei que estava contente por vê-lo outra vez. Ele ficou radiante. Perguntei-lhe como havia sido o verão. Ele mencionou a visita a seu pai e depois disse: "Tenho sorte por ter duas famílias. Ganho mais presentes, duas vezes mais amigos — um em cada casa. Posso jogar golfe e pescar com meu pai e jogar basquete aqui!"

As duas outras crianças apareceram quando ele me mostrava a sala de brinquedos. Estava claro que eles respeitavam Chris; além do mais, eram fiéis e demonstravam claramente que ele fazia parte da família. De fato, a atmosfera da família era boa. Tratava-se de pessoas atenciosas e sinceras, que se empenhavam com grande afinco em levar uma vida juntas. Eu gostaria que todas as famílias que possuem enteados pudessem dispensar tanto apoio e fossem igualmente determinadas a resolver seus problemas.

Após me despedir, entrei no carro. Olhei para trás e vi Liz, Howie e Chris fazendo arremessos na cesta. Eles pareciam tranqüilamente competitivos enquanto jogavam. Pareciam combinar muito bem!

CAPÍTULO IV

A FAMÍLIA McCLAY

História da família

Kevin e Valerie McClay são trabalhadores, dedicados um ao outro e à família. Kevin, de trinta anos, vem de uma família católica irlandesa bastante religiosa e foi criado em Boston com os dois irmãos. Seu pai fundou uma companhia de entrega de óleo e teve sucesso suficiente para sustentar os filhos durante a faculdade. Kevin recebeu treinamento para policial e conseguiu um emprego na Federal Protection Safety Division. Quando o pai adoeceu, Kevin e o irmão começaram a fazer o trabalho de entrega de óleo depois do expediente. Mais recentemente, Kevin teve de assumir a responsabilidade por todo o serviço. Agora, ele tem dois trabalhos de tempo integral. ''Sem dúvida, paga nossas contas'', diz. Mas ele trabalha muito e tem passado por uma fase particularmente difícil nos últimos quatro anos, equilibrando as obrigações do serviço e as exigências da família.

Valerie, também de trinta anos, vem de uma família italiana, também religiosa e bastante unida. Valerie tem sido mãe em tempo integral para seus três filhos. Kevin e Valerie conheceram-se numa festa, quando tinham por volta de dezesseis anos, passaram a namorar firme e casaram-se após a faculdade. Os pais de Valerie morreram quando ela era adolescente. Ela foi criada por uma irmã oito anos mais velha, de cujo apoio ainda se vale quando há crises na família. ''Ela sempre me ajuda'', diz Valerie, com um fervor quase religioso. As duas irmãs mais velhas são enfermeiras, e ela tem ainda um irmão mais jovem, ao qual é bastante apegada.

Kevin Jr., filho único e altamente valorizado como tal, tem seis anos e é robusto feito o pai. "Até arremessamos a bola do mesmo jeito", diz o pai, orgulhoso. Há ainda duas garotas mais novas. Lauren, de três anos, é esbelta, com olhos grandes e escuros como os da mãe. Dá a impressão de ser uma boa menininha, disposta a agradar. Imaculadamente vestida, senta-se empertigada, observando atentamente as pessoas antes de permitir que elas se aproximem. Pode-se perceber que há uma porção de coisas ocorrendo por detrás de seus olhos ardentes.

Stephanie, com um ano, caminha ou engatinha o dia inteiro, sempre criando confusão. No consultório, apesar de todos os brinquedos colocados a sua frente, ela foi direto aos livros e arquivos. Não parava de provocar Lauren, até que esta foi obrigada a deixar de lado a fachada impassível e ralhar com ela. A consciência da tensão entre as duas parecia ser constante em Valerie. Mal conseguia manter a conversa comigo por causa da agitação de Stephanie. Percebi rapidamente que Stephanie mantinha-se o centro das atenções, graças a sua atividade constante, desembaraçada e provocadora, em contraste com o comportamento do resto da família, razoavelmente pacato. Sempre que sorriam era por causa das traquinagens de Stephanie. Ela era uma fonte constante de estímulo e diversão. Lauren ressentia-se um pouco disso.

No ano anterior, o tranqüilo lar dos McClay conhecera uma tragédia atrás da outra. A mãe de Kevin, estimada por todos, soubera que estava com câncer no seio. A doença se alastrara até os pulmões. Apesar da radioterapia, o prognóstico não era bom. O pai de Kevin, que dependia profundamente dela, morreu repentinamente de um ataque cardíaco, pouco depois do diagnóstico da esposa. "Foi como se ele soubesse que não conseguiria viver sem minha mãe", disse Kevin.

Durante o mesmo período, Kevin Jr. começou a apresentar cansaço. Embora houvesse sido sempre vigoroso, forte, agora não que ria mais sair para brincar, nem comer, nem fazer qualquer outra coisa. No princípio, Valerie atribuiu esse comportamento à ausência de Kevin, o pai. Ele se ausentara por seis semanas por causa do treinamento policial. Mesmo depois de voltar, ele não passava muito tempo em casa, pois trabalhava dez horas por dia. Júnior ficava sentado, melancólico, aparentemente por causa do pai ausente. Quando Stephanie nasceu, todos ficaram entusiasmados. Júnior chorou, dizendo que queria um irmão, mas ninguém prestou muita atenção, até que, uma semana depois, ele começou a ter dores nas costas e nas pernas. Eram tão fortes que ele não conseguia andar. Ao notar a palidez e a letargia do filho, Valerie levou-o a um médico do Hospital Geral de Massachusetts. Uma semana depois diagnosticaram leucemia linfocítica aguda (LLA), e o tratamento teve início.

A família inteira ficou chocada. ''Não posso nem me lembrar daqueles dias'', disse Valerie. ''Minha irmã teve de se encarregar de tudo. Eu tinha de alimentar e cuidar deste bebezinho. O bebê me manteve em contato com a realidade. Do contrário, não sei como teria sido. Eu não podia admitir nada daquilo. Ainda não posso. É claro que Kevin foi quem sofreu o impacto com mais força. Ele só dizia: 'Eu sei, de algum modo, que a culpa foi minha.' Ele simplesmente ficava sentado feito uma pedra ao lado do pequeno Kevin. Disseram que o prognóstico era bom, mas eu sabia o que era câncer e como eram os tratamentos. Nós simplesmente colocamos toda a fé que tínhamos no dr. Truman e na equipe do Hospital Geral de Massachusetts. Até agora, tem dado certo. Nós recorremos a nossa religião, e Deus nos ouviu. Mas ainda estamos aterrorizados.''

Perguntei como as outras crianças estavam se saindo. ''É Lauren quem me deixa apreensiva'', disse Valerie. ''Ela parece tão preocupada. Ela se excede com Kevin. É boa demais para ele. Deixa que ele faça o que quiser com ela. Ela tenta ser boa com a irmãzinha. Mas sempre que eu vou sair, ela se deixa abater. Reclama de dores de cabeça, dores nas pernas. Não me perde de vista.''

Valerie manifestou suas muitas preocupações com Lauren e Stephanie, que não estava comendo bem. Mas me foi difícil fazer com que ela falasse de suas preocupações a respeito de Kevin. Respeitei seus motivos para tal; ela ainda sofria e estava muito assustada para encarar de frente seus temores. Uma crise provoca várias reações, e, para ajudá-la, eu tinha de respeitar sua maneira de lidar com a situação.

Quando conheci a família, Júnior fora tratado com quimioterapia contra o câncer e já voltara à escola havia seis meses. Haviam dito à família que a LLA é o tipo "bom" de leucemia — o tipo que pode ser tratado com eficácia. Embora tentassem acreditar nessas palavras encorajadoras, os McClay sentiam-se como se o destino os perseguisse. As tragédias anteriores da família intensificavam esse sentimento. O que viria a seguir?

Júnior estava inchado e gordo por causa dos esteróides que faziam parte da quimioterapia. Tinha o rosto pálido, imóvel, com olhos que pareciam tristes e se fixavam nas pessoas quando lhe dirigiam a palavra. "Quanto ele sabe?", perguntei a seu pai quando Júnior não estava presente. "Não falamos muito sobre isso", disse ele. "Vamos criá-lo como se ele fosse viver cem anos. Ele também está se saindo razoavelmente bem. Não faltou muito à escola. Todas as freiras, professoras dele, sabem pelo que está passando, mas pedimos que não contassem aos outros garotos. Não queremos que ele se confronte com isso o tempo todo. Ele joga na segunda base do time da Confederação Mirim, mas ficou um bocado mais lento, e tem de tomar cuidado. O corpo dele ficou tão estufado. Os meninos acham simplesmente que ele está engordando, mas não fazem muitas perguntas. Ele ainda faz proezas com sua bicicleta vermelha. Nós temos de nos conter, mas permitimos que ele faça tudo. Não queremos que a vida dele seja dominada pela doença. Acho que ele realmente não sabe o que tem."

Essa família adotou uma postura de defesa. Eles se trancaram em si mesmos e não têm energia para fazer qualquer outra coisa. Eles se mantêm fiéis e se apóiam mutuamente. Felizmente, a mãe de Kevin sobreviveu a sua doença maligna por tempo suficiente para ver o neto de volta à escola. E as irmãs de Valerie dão-lhes apoio. A tentativa dos McClay de tratar Júnior do modo mais normal possível não tem corrido sem problemas. Ultimamente, ele começou a dar escândalos diante da menor provocação. O pai acha que Kevin está pondo os limites à prova. Para ele é muito difícil ter de disciplinar o filho o tempo todo, mas, como diz, "cabe-me ser firme agora, caso contrário Júnior ficará terrível se superar a doença."

Foi fácil para mim apoiar Kevin nessa decisão. Embora a família tenha tentado seguir a rotina e negar a crise evitando discuti-la, eu não tinha dúvidas de que Júnior sabia o que estava acontecendo. Se todos o tratassem com luva de pelica, ele ficaria mais assustado ainda. Após a experiência com a quimioterapia, seu maior medo devia ser o de morrer. Antes da doença, a disciplina era uma parte tão familiar da vida de Júnior, que ele deve ter ficado mais tranqüilo quando seu pai retomou o tratamento "normal".

Doença na família

VISITA AO CONSULTÓRIO

Kevin McClay veio a meu consultório com o jovem Kevin, que é tímido, reservado e bastante corajoso. Passaram-se dez meses desde o diagnóstico de leucemia. Embora ele esteja em remitência, as bochechas estufadas e a tendência para se cansar facilmente não o deixam esquecer de que vem submetendo-se à quimioterapia.

Dr. Brazelton Olá, Kev. Como vai? Estou contente por vê-lo. Nada de injeções ou tratamentos desta vez. Estamos aqui só para conversar. Mas seu pai me disse que você é bastante corajoso quando vai ao hospital. Toma injeção sem chorar. (*Júnior está sentado em silêncio*) Acho que você não quer falar sobre isso.

Kevin Não. Kev é um pouco tímido.

Dr. Brazelton Há lápis de cor na outra sala. Que tal desenhar um pouco enquanto converso com seu pai? Você gostaria? (*A Kevin*) Tem alguma pergunta específica? (*Júnior foi buscar os lápis e o papel*)

Kevin Às vezes eu me pergunto por que ele não é mais aberto conosco.

Kevin tinha razão em se preocupar. Não se tratava apenas de timidez. Era do feitio de Júnior guardar as coisas para si. Eu também estava preocupado. Conversamos por algum tempo. Kevin voltou com um desenho.

Dr. Brazelton Fale-me sobre seu desenho, Kev.

Kevin Jr. Estas são células ruins, e o Pac Man* está com as células boas. E as células boas comem todas as células ruins. Certo?

Dr. Brazelton Quais são as células boas e quais são as células ruins?

Kevin Jr. Estas são as ruins.

Ele sorria, envergonhado, mas, ao olhar para mim em busca de apoio, havia tristeza em seus olhos.

Dr. Brazelton Há um *monte* de células boas, não é? E só algumas ruins aqui? (*O desenho era bastante simples — mas contou-me muito*) Agora, Kev, será que você pode sair e tirar uma amostra de urina lá no banheiro? Há vidros na prateleira. Você faz isso enquanto o papai fica aqui comigo. Quando terminar, você volta, certo? (*Eu queria falar a sós com seu pai para conhecer as suas preocupações*) Você disse que ele conseguiu essa idéia

* Referência a um *vídeo game*. (N.R.)

de células boas comendo as células ruins com alguém no hospital. Para mim, isso também vem do coração. O que me preocupa é quanto lhe custa não ser capaz de fazer perguntas sobre seus temores. Exatamente como ele faz neste desenho: a maioria das células é boa, e só há algumas células ruins aqui no canto. Bem, quando fala de "bom" e "ruim", a criança pode querer dizer: "Eu sou bom o suficiente? Eu tenho de ser bom o tempo todo?" E o que eu vejo aqui é um garotinho muito inibido e muito bom, que está se esforçando muito mesmo. O que você acha que ele já sabe?

Kevin Bem, ele sabe basicamente que tem essa doença, que são células ruins, que temos de nos esforçar para nos livrarmos dela, e que ele tem de tomar remédios. Às vezes ele fica com feridas na boca. Elas são dolorosas e duram três ou quatro dias, mas Júnior sabe que elas desaparecem — que são apenas conseqüência da medicação. Então ele fica sabendo que as coisas ruins somem. Os esteróides, causam-lhe inchaço — ele detesta ser visto assim pelas pessoas. Mas sabe que o inchaço desaparecerá também. Sabe que são coisas temporárias.

Dr. Brazelton E as coisas que ele não acha que são temporárias?

Kevin A possibilidade de uma cura? Tentamos falar sobre isso tanto quanto possível. Ele sabe que pode vencer; tentamos dizer isso a ele o tempo todo.

Kevin não compreendera bem minha pergunta. Vi isso como um tipo de negação da parte dele.

Dr. Brazelton A julgar pelo desenho, Kevin imagina muitas coisas. Ele sabe mais do que vocês pensam. Acho também que se preocupa mais do que sabemos. Guardar tudo para si irá inibi-lo em termos de desenvolvimento emocional. É muito difícil. É doloroso para ele, e de certo modo também é difícil para vocês. Os olhos dele me mostram o quanto ele está pensando e o quanto... bem... o quanto está sofrendo. E seus olhos me mostram a mesma coisa.

Kevin Ah, sim, há preocupação neles. E sempre haverá.

Dr. Brazelton É muito difícil para você partilhar isso com ele?

Kevin Bem, fazemos tudo o que podemos para ajudá-lo, para que não fique preocupado. (*Isso era compreensível, mas não era o que seu filho estava pedindo*)

Dr. Brazelton Suponha que ele lhe perguntasse algo mais ou menos assim: "E se as células boas não forem suficientes?"

Kevin Puxa, seria difícil responder. Não sei se me abriria e lhe diria as possibilidades que ele tem de viver. (*Minha pergunta realmente o abalou*) Como eu poderia resolver isso sem assustá-lo?

Dr. Brazelton Está com medo?

Kevin Claro.

Dr. Brazelton De quê?

Kevin Da morte. (*Primeiro, Kevin tinha de enfrentar os seus próprios temores*)

Dr. Brazelton Por um lado, você sabe que ele está se saindo muito bem; por outro, você está apavorado.

Kevin É o desconhecido que assusta.

Dr. Brazelton Exato. E, provavelmente, você também faria um desenho como este, não faria? Olhe, se enfrentar seus temores, perceberá que os dele são paralelos aos seus. As coisas de que você tem medo devem ser aquelas que ele não mencionou, porque quando você e sua esposa conseguem falar sobre algo, o medo desse algo, até certo ponto, diminui. (*Kevin assente com um gesto de cabeça*) Júnior é um garotinho incrível. (*Há uma batida na porta*) Quem é? Ah, vejam quem está aqui. Você conseguiu! Bom garoto. Entre. (*A Kevin*) Acho que o que vocês dois estão fazendo juntos é realmente ótimo. Adorei seu desenho, Kev. Você é um garoto esperto. De vez em quando, você deve ter algumas dúvidas sobre tudo o que está acontecendo. Gostaria que você fizesse perguntas a seu pai sobre essas coisas.

Kevin Eu também gostaria, Kev.

Júnior (*Ao dr. Brazelton*) Quer este?

Dr. Brazelton Outro desenho seu? Quero, sim. O que é?

Júnior Um arco-íris.

Ele havia desenhado um arco-íris bem em cima das células ruins, como que para esquecê-las.

Dr. Brazelton É lindo. Obrigado.

Mostrei o desenho a Kevin, que imediatamente reconheceu a implicação do arco-íris. Seu rosto assumiu uma expressão consternada. Ele ergueu o olhar para mim, como se reconhecesse como era crucial enfrentar com o filho os temores dele.

OS PROBLEMAS

Toda família tem seu próprio padrão para lidar com crises. Após o diagnóstico de uma doença perigosa, é provável que haja um *choque*, uma descrença. Assim como Valerie, muitos pais não podem lembrar-se dos primeiros dias. Superá-los já é uma grande tarefa. Muitas vezes sobra pouca energia para os pais ajudarem a criança com os medos dela. Estar presente para dar apoio em cada crise é o melhor que uma família pode fazer. Se uma criança tem de ser hospitalizada, o que não foi o caso de Kevin, um dos pais deveria tentar ficar com ela. Felizmente, a maioria dos bons hospitais hoje encoraja a presença e a participação dos pais. Eles podem dormir ao lado do paciente, e realmente o fazem, num saco de dormir ou numa poltrona. Aprendem a administrar medicamentos e certos tipos de terapia, o que, por seu lado, dá à criança doente a confortadora sensação de que os pais ainda são responsáveis por ela. Eles são encorajados a preparar a criança antecipadamente para cada novo passo da terapia — especialmente os procedimentos dolorosos e intrusivos. A participação ativa dos pais atenua o medo que a criança tem do desconhecido ajuda os pais a se confrontarem com seus próprios sentimentos a respeito da doença da criança.

Esse envolvimento não se dá com facilidade. No Hospital Infantil, quando insistimos com os pais para que preparem antecipadamente as crianças pequenas para a hospitalização e o tratamento médico, descobrimos que apenas 20% dos pais achavam que podiam fazer isso sem ajuda. Nossa ajuda consistia em discutir com eles seus medos em relação à doença da criança. Depois, e apenas depois, eles podiam seguir em frente e preparar a criança para enfrentar a separação, os medos da mutilação e da dor, dos procedimentos e ambientes estranhos. Já sabíamos, a partir de pesquisas nossas e de outros, que a preparação para a hospitalização feita pelos pais reduzia de modo significativo os temores e a infelicidade da criança no hospital, aumentava de modo significativo a capacidade da criança em lidar com a doença e com os tratamentos, e reduzia de modo significativo a ocorrência de problemas sérios em casa, após a alta.

Durante os primeiros dias após a constatação da existência de uma doença séria na criança, é bastante comum a *negação* das implicações de vida e morte do diagnóstico e da possibilidade de que o tratamento possa malograr. O médico encarregado do tratamento ou da cirurgia enfatizará o lado otimista do prognóstico. Ele normalmente é idealizado como a figura divina que está salvando a criança. Quando a criança melhora ou quando entra em remitência, o assombro e a gratidão dos pais muitas vezes são desmedidos. Essa perspectiva positiva ajuda a todos durante o primeiro período de angústia. No caso de Kevin, o dr. Truman foi otimista desde o início, quando julgou que o garoto tinha um tipo de leucemia que reage à quimioterapia. Ele nunca encarou abertamente com a família a possibilidade de um resultado ruim, em parte porque não acreditava que ele ocorreria e em parte porque achava que o otimismo os ajudaria a atravessar esse importante ajustamento. E realmente ajudou. Eles se agarraram ao prognóstico promissor dado por ele e entraram no estágio seguinte da luta com uma forte defesa — a negação. A negação é o escudo mais comum e poderoso quanto temos de lidar com uma situação aterrorizante.

Seja como for, os pais terão de fazer face à realidade da ameaça e começar a encarar o futuro. Devem tentar compreender o diagnóstico, os efeitos colaterais do tratamento e os resultados possíveis. A maioria dos pais não está pronta para fazer isso de imediato. Eles reprimem seus temores e sua mágoa até se recuperarem do choque inicial. Qualquer pai atencioso passa então a sentir uma mescla de sentimentos, inclusive *culpa*. Não importa o afinco com que ele ou ela tente ser otimista; os medos aflorarão, juntamente com a questão obsessiva: "O que deveríamos ter feito de modo diferente?" A culpa dos pais não é racional. Ela pode não ter qualquer base na realidade, mas manifesta-se mais e mais vezes. Kevin podia perguntar-se: "Se ao menos eu não houvesse me ausentado. Se ao menos eu não tivesse dois empregos." Valerie podia perguntar-se: "Como seria se eu não houvesse trazido Stephanie ao mundo? Poderia eu ter dado mais a Júnior, poderia tê-lo protegido disto de algum modo? Será que foi alguma coisa na comida, na água, ou algum produto químico — ou qualquer coisa que eu poderia ter mudado para evitar isto?" É inevitável os pais sentirem-se responsáveis e assoberbados pela culpa.

A *raiva* também surgirá em algum estágio. "Por que nossa família? O médico cometeu algum erro? Eles fizeram o que era preciso? Aquela enfermeira é tão ocupada. Se ao menos parasse e explicasse tudo, eu poderia ajudar Kevin melhor." Essa também é uma reação normal e saudável. Mas pode ser assustadora para pais que se sentem na iminência de perder o controle.

A culpa e a raiva provavelmente serão acompanhadas por defesas adicionais. A *negação* continuará, a negação de que os tratamentos possam ter outro resultado que não o êxito, de que não há outra possibilidade que não a recuperação completa. Isso pode ter como resultado um escutar seletivo quando os médicos e enfermeiras apresentarem os fatos. Os pais muitas vezes também evitam fazer perguntas que possam levar a respostas assustadoras. A negação é uma faca de dois gumes — impede Kevin e Valerie de pensar sobre a morte, mas também impede que sejam abertos em relação aos temores e à tristeza ocultos sob a coragem de Júnior. Embora ajude os pais a sobreviver, a negação termina por ceder. Quando encarei isso juntamente com os McClay, minha intenção foi não eliminar as defesas necessárias, mas ajudá-los a ter consciência suficiente para ajudar Júnior a lidar com seus temores e a compartilhar alguns deles.

Outra defesa plausível é a *projeção*. Vi poucos indícios dela quando os McClay conversavam comigo, mas ela pode surgir em qualquer pessoa que se encontre sob tensão. Os pais muitas vezes culpam outras pessoas (médicos, enfermeiros, membros íntimos da família) por não tomarem cuidado suficiente com seu filho ou por não conhecerem o tratamento certo. A tendência é projetar sobre os outros os inevitáveis sentimentos de culpa, especialmente quando algo vai mal. Quando os tratamentos funcionam e tudo vai bem, como no caso de Kevin, os pais geralmente ficam gratos demais para se atreverem a criticar a profissão médica. O pensamento mágico entra aqui; os pais têm medo de interromper o período de sorte. Mas quando o tratamento fracassa, por motivos que estão além do controle de qualquer pessoa, os pais atacam, fugindo da mágoa e da culpa ao colocarem nos profissionais a responsabilidade pelo mau resultado. Muitas vezes os membros da equipe médica ficam zangados e atacam para se proteger. Insisto junto a eles para que vejam essas reações da parte dos pais como uma defesa contra sentimentos acabrunhantes. Se pudermos ajudar os pais a ver esses sentimentos como necessários e normais, embora não fundamentados na realidade, eles poderão lidar um pouco melhor com sua parte da história.

O *distanciamento* da doença ou da criança também pode ocorrer em pais acabrunhados. Eles podem não ir ao hospital para dar apoio à criança doente, assistir à televisão no quarto da criança ao invés de dar atenção a ela. Às vezes parece ser uma tarefa impossível para os pais encarar a dor do próprio filho ou das outras crianças hospitalizadas. Essa pode ser uma defesa necessária. Mas é tarefa dos que prestam auxílio aos pais mostrar-lhes como eles realmente têm energia e recursos para dar assistência e apoio ao filho.

Cada uma dessas defesas deve ser respeitada pelos pais que sofrem, assim como pelos profissionais com eles envolvidos. Propus a Kevin o desafio de ser mais aberto com Júnior. Se não estivesse preparado, ele não me teria dado ouvidos. Eu teria de aceitar que ainda era muito cedo e que ele não estava preparado. Uma forte pista surgiu quando Kevin falou sobre a tarefa de disciplinar o garoto. Embora o próprio fato de estabelecer limites seja otimista (ninguém se preocupa com a possibilidade de mimar uma criança que vai morrer), pais que estão muito ocupados negando a realidade e o medo não conseguem reconhecer a necessidade de limites que a criança tem. Kevin demonstrou que estava pronto para escutar as necessidades e os sentimentos do filho.

Uma criança gravemente enferma que consegue fazer um desenho das "células ruins" de seu corpo está preparada para conversar com os pais sobre essas células ruins. Os McClay poderiam encorajar Kevin a dizer-lhes o que ele sentia a respeito das células ruins — e o que ele temia. Mesmo que a criança elimine instantaneamente a ameaça com "células boas" (ou um arco-íris, como no desenho de Kevin), permanece a oportunidade de fazê-la falar. Nem todos os pais serão capazes de estabelecer a ligação, tal qual Kevin, entre o arco-íris ou algum outro salvamento mágico e os medos reprimidos. Mas prestando atenção, outra oportunidade logo surgirá.

Apresento a seguir um esboço dos tipos de necessidades e preocupações que uma criança doente terá em diferentes idades:

0-3 anos	As crianças precisam dos pais para serem preparadas, para lhes segurarem a mão, para poderem protestar, para que eles as reconfortem e para compartilharem a experiência posteriormente.
4-7 anos	Doenças e procedimentos dolorosos são vistos como castigo. A criança pensa que todas as doenças são contagiosas. Os procedimentos que machucam não são considerados terapêuticos.

	Os temores de separação, mutilação e dor são profundos.
8-12 anos	As crianças sentem-se inferiores às crianças saudáveis. Não conseguem compreender as numerosas variáveis da doença. Mudanças de humor e outros efeitos colaterais não são vistos como relacionados à doença ou ao tratamento. Compreender a função dos diferentes sistemas de órgãos ainda é difícil.
13-18 anos	Predominam as preocupações com a imagem corporal, a independência e a identidade sexual. A tendência para negar a doença é forte. Os adolescentes precisam de mais informação e de um papel maior na tomada de decisões.

Com essas diretrizes em mente, pode-se imaginar os tipos de perguntas que uma criança pode fazer. Por exemplo, tem-se a seguir uma amostra do tipo de perguntas que uma criança de quatro a sete anos poderia fazer.

"O que eu tenho? O que eles vão fazer comigo?" Com perguntas diretas como essas, os pais podem dar à criança tantas informações simples quanto julguem que ela consiga assimilar. O próprio ato de responder e de estar disposto a escutar as perguntas já será reconfortador. Quanto mais nova a criança, mais concretas são as perguntas e mais simples as respostas exigidas. "Você tem um problema no sangue. Em seu sangue há células boas que carregam oxigênio do ar que você respira para todo seu corpo. Algumas outras células estão lutando contra essas células boas. Era por isso que você estava pálido e não tinha energia. Lembra-se? Agora que os médicos estão ajudando suas células boas a vencer as ruins, você se sente melhor, está com o rosto corado outra vez, e tem mais energia para brincar e ir à escola." Quando a

criança faz perguntas que você não sabe responder, tais como "de que maneira o tratamento funciona", você pode dizer: "Não sei exatamente como é. Talvez o médico possa explicar para nós dois. Vamos perguntar."

"Eu não estou bem. Todos os garotos me provocam. O que posso fazer?" Quando a criança é provocada, por causa da perda de cabelos decorrente da terapia ou do inchaço devido aos esteróides, por exemplo, os pais devem escutar de maneira solidária. Um pai poderia perguntar: "Você quer dizer a eles que está doente e recebendo tratamento? Não há problema algum em lhes contar." Se a criança quiser manter o tratamento em segredo, isso pode ser respeitado. O apoio mais importante que um pai pode oferecer é o tempo e o lugar para escutar as mágoas da criança. O lar deve ser um lugar seguro para ela queixar-se e desabafar.

"Por que fiquei doente? Fiz alguma coisa que não devia ter feito?" Às vezes, uma criança na situação de Kevin começa a confessar faltas reais ou imaginárias e uma "maldade" que a seu ver podem ter causado a doença. Ela precisa ser tranqüilizada repetidas vezes. "Nada do que você fez provocou a doença. Não há nada demais nessas coisas, e toda criança faz isso. Eu mesmo fiz e não fiquei doente. Nós simplesmente não compreendemos por que você ficou doente — ou por que alguns garotos ficam e outros não. Certamente isso não tem nada a ver com o que você fez ou deixou de fazer. Mas posso compreender como você se sente culpado. Sabe que eu também me sinto? Eu me pergunto o que fiz para deixá-lo assim. E, no entanto, sei que não fiz nada. Mas todos nós (mamãe, papai, irmãs e irmãos) queríamos tanto que você não estivesse doente, que nós nos culpamos. É inevitável que você sinta o mesmo, mas isso não é verdade. De agora em diante, fale comigo quando tiver uma pergunta como essa. Talvez eu possa ajudar você a respondê-la. Se não puder, eu direi."

"O que devo fazer quando dói? Eu me esforço para não chorar quando o médico faz todas aquelas coisas, mas não consigo ficar

sem chorar quando dói.'' Deve-se dizer às crianças que todas as pessoas, adultos inclusive, choram quando sentem dor. Se os pais se permitirem chorar ocasionalmente, as crianças saberão que isso é normal e permitido.

''Se estou doente, por que você me castiga?'' Um pai pode explicar que as regras da família ainda são válidas, com ou sem doença. Isso tranqüilizará a criança. Ao mesmo tempo, o pai pode deixar claro à criança que ser boa o tempo todo não fará com que a doença vá embora. ''Quando você se comporta mal, eu sei que você é aquele mesmo Kevin. Mas isso não significa que vai ficar sem castigo.''

''Eu vou morrer?'' Enquanto existir qualquer esperança de recuperação, os pais devem manter a esperança viva. Mas devem também ser honestos quanto à gravidade da doença, pois a criança perceberá o que acontece às outras crianças que vê no hospital. No caso de uma criança com uma doença terminal, pode chegar o momento em que ela sabe que vai morrer e que o pai tem certeza de que ela sabe. Então, é hora de falar abertamente sobre a morte.

''O que é morrer? Eu vou ficar sozinho? Você vai para lá?'' Nesse caso, os pais devem expressar aquilo em que acreditam e reconhecer o que não sabem. O mais importante para uma criança é saber que, enquanto estiver viva, os pais estarão presentes para reconfortá-la e dar-lhe apoio. Para a maioria das crianças dessa idade, o maior medo é o da separação. Os pais podem fazer face a esse medo dizendo: ''Não vamos deixá-lo; vamos ficar com você o tempo todo.'' É importante também não inventar uma historinha feliz na qual os pais não acreditam. É melhor transmitir crenças profundas ou a perplexidade honesta. O fato de que todos morrem e de que todos se perguntam sobre a morte pode ser usado para unir os que estão vivos e os que estão para morrer.

"E se o tratamento não funcionar mais?" "Então enfrentaremos isso juntos." O pai pode assinalar que todos os dias descobrem-se novos tratamentos, mas também que, aconteça o que for, a família enfrentará junta a situação. Encaminhar perguntas ao médico ou à enfermeira e encorajar a criança a fazê-las pode levá-la a sentir-se menos impotente.

A fim de prepararem-se para responder a essas e a muitas outras perguntas que surgirão, os pais devem conceder a si mesmos tempo para refletir sobre seus sentimentos e suas crenças mais profundas. Isso não acontece com rapidez. No início, muitos não conseguem ser abertos com o filho doente. Um período de apatia e negação não magoará a criança. Os pais têm de resolver seu lado da questão para poderem ser calmos e diretos. A criança precisará de tempo antes de estar pronta para ouvir respostas honestas. De qualquer modo, com o tempo a família poderá dialogar abertamente e os pais estarão preparados para qualquer coisa que tenham de enfrentar no futuro. Embora seja impossível a criança não sentir medo e tristeza, os pais podem compartilhar esses sentimentos à medida que eles surgem e ficar sempre perto da criança, amando-a enquanto ela enfrenta seus momentos finais.

PERGUNTAS COMUNS

Pergunta Um dia, minha filha sofreu um acidente e foi hospitalizada com queimaduras graves. Eu simplesmente não consegui aceitar. O senhor acha que os pais têm primeiro de lamentar a criança saudável antes de conseguirem aceitar a criança doente?

Dr. Brazelton Sim, acho. Uma das tarefas que a equipe dos hospitais deve assumir é ajudar os pais a prantear, regredir, sofrer e depois se reorganizar ao redor da criança real e da doença dela. Esse é um dos motivos para os pais ficarem no hospital com a criança. Eles podem aprender a nova tarefa enquanto a criança se recupera e antes de voltar para casa.

Pergunta Quando diagnosticaram diabetes em minha filha, fomos indulgentes com ela durante algum tempo. Agora ela espera que nós cuidemos de tudo.

Dr. Brazelton No caso de qualquer doença crônica, tal como diabetes ou asma, a coisa mais importante que um pai pode fazer é transmitir à criança a sensação de que *ela* detém o controle da doença. Tão logo ela tenha idade suficiente (cinco ou seis anos), ensine-a a medir o nível de açúcar na urina, a avaliar a dose de insulina, e, por fim, a administrar a substância em si mesma. Seria útil a ela compreender as reações de seu corpo e saber como controlá-las. Quando ela obtiver êxito no controle de uma crise, diga: "Você realmente sabe controlar seu diabetes." Quando ela conseguir o controle cotidiano, transmita-lhe a sensação de que ela tem a doença sob seu comando. Pode-se ensinar o mesmo tipo de controle a uma criança asmática. Desse modo, você pode ajudá-la a evitar os perigos psicossomáticos da doença — os sentimentos de invalidez, de impotência, de ser uma pessoa mutilada ou diferente. Na condição de pai, quanto mais cedo você conseguir encorajar a independência e o autotratamento, melhor. Também é particularmente importante para uma criança com uma moléstia crônica aprender cedo as tarefas domésticas, a ser responsável por certas partes da vida familiar. Isto serve de base para ela sentir-se plenamente participante. Ela crescerá com uma imagem melhor de si mesma, apesar do diabetes.

Pergunta Nosso filho é paraplégico porque tem *spina bifida*. A questão do controle é especialmente importante. Quando finalmente conseguiu a carteira de motorista e aprendeu a entrar e sair do carro, ele realmente cresceu e progrediu. Começou a dirigir bem antes da maioria dos amigos. Outra área na qual ele se sente no controle, porque tem o uso da parte superior do corpo, é a água. Ele adora mergulhar com o *snorkel* (tubo de ar cuja extremidade é mantida à superfície da água para permitir ao mergulhador respirar) porque pode entrar na água sempre que quer. Devemos encorajá-lo nessas áreas?

Dr. Brazelton Sem dúvida. Vocês certamente encorajaram as coisas certas. Uma criança com *spina bifida* ou paralisia cerebral precisa ser ajudada — e até mesmo pressionada — para sentir que tem controle sobre os músculos intactos. Nunca esquecerei o rosto de uma criança paralítica de três anos que me chamou quando tentava mover um brinquedo pesado: "Eu *disse* para você vir aqui e me ajudar. Eu quero sua ajuda. Venha até aqui!" Aos três anos, com esse senso de seus próprios direitos, ela estava a caminho de uma vida plena.

Pergunta Depois do acidente com nossa filha, as pessoas passaram a insistir para que voltássemos a ter uma vida "normal". Mas a normalidade numa família com uma criança doente não é a mesma normalidade do mundo lá fora. Para mim, tudo o que podemos fazer é alcançar um modo de vida que *pareça* normal. É difícil. A criança também está crescendo, e justamente quando você acha que conseguiu, a vida muda outra vez. A escola, o acampamento e os encontros são sempre desafios enormes. Será que algum dia poderemos alcançar a normalidade na vida cotidiana?

Dr. Brazelton Suas observações vão direto ao alvo. Todos nós que nos preocupamos com crianças doentes e suas famílias devemos tomar cuidado para não tomarmos um padrão tido por "normal" e aplicá-lo na comparação com uma família que se ache sob tensão. Vocês têm de descobrir sua própria noção de normalidade e valorizá-la. A cada estágio de recuperação do acidente, sua filha deve orgulhar-se de cada novo nível de ajuste. As coisas agora talvez não sejam muito fáceis para sua família, mas tudo se resolverá com o tempo. Seria proveitoso olhar para trás e ver os estágios da recuperação que vocês atravessaram. Desse modo, vocês poderão reconhecer que conseguiram reorganizar-se. Uma função muito importante dos grupos de apoio é justamente essa. Num grupo onde todos têm problemas semelhantes, vocês podem perceber a universalidade da luta e do sofrimento. Muitas vezes vocês podem ver uma família que obteve êxito e superou as dificuldades. Pode-se criar a partir de tais encontros uma noção do que é possível.

Pergunta Por que alguém que está morrendo é tratado como um boneco frágil ou como um santo? Depois que descobrimos que meu sobrinho adolescente tinha câncer, tudo o que ele fazia de errado passou a ser esquecido. Uma vez, quando estávamos juntos, fiquei furiosa por causa de uma ninharia, e nós tivemos uma briga. Eu me sentia culpada por brigar com ele, mas, quanto mais culpada me sentia, mais zangada ficava e mais brigava. No fim, ele riu e me agradeceu. Quando perguntei por quê, ele disse: "Você está me tratando como se eu ainda fosse uma pessoa e ainda estivesse vivo."

Dr. Brazelton Bela descrição de um rapaz que consegue lidar com sua própria tragédia. Tratá-lo como uma pessoa normal propiciou-lhe recobrar a antiga imagem de si mesmo. Nós realmente temos a tendência de isolar as pessoas que estão morrendo tratando-as com luvas de pelica. Do mesmo modo, a disciplina tranqüiliza uma pessoa doente. Ele sabe muito bem por que você está sendo indulgente. Estabelecer limites e ter padrões aos quais a criança doente deva corresponder exige que ela se junte novamente à raça humana. Ela será grata por isso.

Pergunta Por que os pais devem ser sempre honestos a respeito de fatos médicos angustiosos?

Dr. Brazelton A honestidade cria uma base para se compartilhar os medos, tensões e angústias que qualquer doença gera. Se a criança sabe (e ela saberá) que você está mentindo, ela achará que não deve confiar em você. Então, ela não apenas terá de lidar com seus medos e angústias sem você, mas as fantasias sobre o que poderá acontecer tenderão a ser piores que a própria doença. Ser mantido na ignorância é mais assustador que qualquer outra coisa. Uma mãe me contou certa vez a seguinte história. O filho estava no hospital recebendo tratamento contra câncer, e ela começou a levá-lo para jantar fora. Ela percebeu que, toda vez que saíam para jantar, ele ficava mais nervoso. Finalmente, ele disse: "Mãe, o que está acontecendo de errado? Eu piorei? Você me leva para jantar fora o tempo todo." Ela pensou por alguns momentos e respondeu: "Lembra-se de quando você jogava bola no ano passado? Havia uma barraca de cachorro-quente, onde comíamos depois do jogo. Desta vez você está jogando num campo que não tem uma barraca de cachorro-quente — o hospital. Ao invés disso, nós vamos ao McDonalds." Como essa mãe havia sido franca com o filho durante todo o tratamento, ele ficou satisfeito e aliviado com a resposta.

Ajudando os outros filhos a enfrentar a situação

VISITA AO CONSULTÓRIO

Na visita seguinte, Valerie trouxe Lauren e Stephanie. Depois de me colocar a par do desenvolvimento de Júnior, ela começou a me falar sobre Lauren. Estava preocupada porque vinha se abalando demais com a doença de Júnior. Lauren, com três anos, era retraída. Usava um vestido de babados e tinha o cabelo cacheado. Olhou a sua volta para se assegurar de que estava nos agradando — o retrato da menina boazinha. Estendeu obediente a mão para me cumprimentar.

Valerie Lauren e Júnior tinham a costumeira rivalidade entre irmãos, mas quando Júnior ficou doente, ela começou a mimá-lo. Passou a satisfazer os menores desejos dele. Mesmo com dois anos e meio, ela sabia o que ele estava passando. Sempre que ele pedia alguma coisa, Lauren ia correndo pegar.

Dr. Brazelton Ela não estava imitando vocês?

Valerie Provavelmente. Mas, há pouco tempo, ela começou a mudar e a ser dura com ele outra vez.

Dr. Brazelton E o que aconteceu? Dê-me um exemplo concreto.

Valerie Quando Júnior começou a sentir-se melhor, ela decidiu: "Agora chega." Ele já estava se aproveitando dela.

Dr. Brazelton Quando ela mudou?

Valerie Só recentemente. Não até ele ter melhorado.

Dr. Brazelton (*A Lauren, que era esmurrada por Stephanie*) Meu Deus! Veja só esse bebê! Ela está mesmo machucando você, Lauren. Agora, sim! Revide! Ela não tem de machucar você!

Lauren estava revidando — um sinal bastante saudável. Mas a maneira como o fez deixou-me um tanto preocupado. Sua agressividade e raiva estavam perto da superfície, mas ela não conseguia soltar-se. Resolvi falar com sua mãe a respeito do que havia por trás disso, e assim, sugeri a Lauren que fosse junto com Stephanie procurar alguns brinquedos na sala de espera.

Dr. Brazelton Eu não queria conversar diante delas, porque acho que elas já compreendem muitas coisas depois de tudo pelo que passaram. Quando uma família passa por muitas tensões, as crianças reprimem sua dor e suas preocupações. Quando todos voltam ao equilíbrio é que elas manifestam sua reação. Reagem ficando zangadas. Essa capacidade de guardar os sentimentos até que todos possam absorvê-los novamente é verdadeiramente maravilhosa. Agora Lauren parece estar se soltando com Júnior. Mas ela ainda está tentando ser boa demais com Stephanie. Apanha sem reagir. Talvez esteja ficando com muita raiva do bebê, de tanto levar chutes.

Valerie Ontem, aliás, Stephanie estava engatinhando com um pedaço de carne na boca. Lauren tentou tirá-lo, e Stephanie mordeu-lhe o dedo. Lauren bateu nela. Deu-lhe um belo tapa.

Dr. Brazelton O que você fez?

Valerie Eu só lhe disse para não bater em Stephanie.

Dr. Brazelton E como disse isso?

Valerie Com delicadeza.

Dr. Brazelton Talvez você seja delicada demais. Precisa aprender a ser mais aberta também.

Valerie Muitas vezes não sei até onde devo deixá-las chegar.

Dr. Brazelton Antes de interferir?

Valerie Sim.

Dr. Brazelton Geralmente, quando você interfere?

Valerie Bem, deixo que briguem um pouco, mas quando começam a puxar os cabelos e a se bater, interfiro.

Dr. Brazelton O que acontece quando você não interfere?

Valerie Uma delas vem choramingar comigo: "Ela me bateu."

Dr. Brazelton Então, quer você goste ou não, elas fazem um triângulo com você. (*Esse é um conflito clássi-*

co. Valerie relutava em discipliná-las, mas era incapaz de permitir que elas se entendessem sozinhas)

Valerie Mas o que posso fazer? Dizer sem mais nem menos: ''resolvam sozinhas''?

Dr. Brazelton Você conseguiria?

Valerie Bem, teria de me esforçar. Seria difícil...

Dr. Brazelton Também acho. (*Seria difícil, até ela perceber o que estava acontecendo*) Valerie, você contou que elas recorrem a você como se isso fosse uma salvaguarda para elas não se machucarem. Você acha que enquanto pedirem sua intervenção elas estarão seguras?

Valerie Bem... sim. (*Ela começava a perceber que estava sendo excessivamente protetora*) Mas quando intervir?

Dr. Brazelton Talvez nunca, enquanto elas continuarem recorrendo a você, pois assim você está mostrando que gosta quando lhe pedem sua intervenção.

Valerie Mas quero que elas parem. (*As filhas estavam lhe dando a resposta*)

Dr. Brazelton Está com medo de se soltar?

Valerie Acho que ainda estou muito tensa por causa do problema de Júnior. Simplesmente não consigo lidar com mais perturbações, raiva ou brigas. Como é que vou lidar com isso?

Dr. Brazelton Percebi uma coisa hoje — que vocês são bastante unidos e apegados, como que para se protegerem daquilo de que têm medo. Vocês estão se contendo, estabelecendo limites nas relações de todos, na maneira como todos se expressam. Isso é bom, temporariamente. Mas não vai durar. O estágio seguinte — que é realmente sobre o qual você está indagando — é dar às crianças uma chance de resolver alguns desses sentimentos.

OS PROBLEMAS

Estou pressionando Valerie a ver o ajustamento pelo lado das meninas. Ela talvez não esteja preparada para me ouvir. Diz que passou por tantas coisas ultimamente que não pode correr riscos. Como poderia ficar em paz consigo mesma se deixasse Stephanie e Lauren se machucarem? Isso apenas serviria para aumentar seus sentimentos de culpa, que já são muitos. Pais que passaram por uma crise grave experimentam emoções bastante fortes quando seus filhos demonstram raiva ou sentimentos negativos. Esses sentimentos em estado bruto, não de todo ocultos, foram reprimidos a custo, levando os pais a temerem perder o controle.

Quando uma criança está muito doente, todos os membros da família sofrem. Isso é inevitável. Os pais gostariam de poupar as outras crianças, e tentam fazê-lo. Mas é impossível. Elas percebem a angústia dos pais. Temerosas, procuram não perturbar o delicado equilíbrio que pressentem existir. Sempre me surpreende a sensibilidade das crianças à escassa tolerância dos pais em tal situação e como conseguem reprimir suas reações até que a atmosfera seja mais propícia. Mas, em se prolongando por tempo demasiado, essa situação pode acarretar um custo alto para o desenvolvimento da criança. Lauren, uma criança aparentemente feliz e sociável, tornou-se quieta, reprimida — sensível demais e ansiosa por agradar. Fica fora de si quando a mãe sai de casa. Esse medo de ser abandonada, de perder determinada pessoa, é muito comum entre irmãos de crianças com doenças graves.

Sentir-se responsável pela desgraça da família é uma reação surpreendentemente sensível e precoce para uma criança de três anos. Significa que ela percebe a tensão vivida pela família e que não se atreve a pôr o sistema à prova. Logo após os três anos, idade em que a criança é provocadora, Lauren, que, segundo seus pais, "antes era endiabrada", passou por uma enorme transformação. Pergunto-me se ela realmente conseguiu solucionar seu negativismo e sua necessidade de provocar, ou se acha que deve reprimir isso. Para ela, fazer diabruras não serve de válvula de escape; ela não pode competir com o irmão debilitado para obter um pouco de preocupação e atenção dos pais.

Numa família como a dos McClay, sinto-me aliviado quando os outros irmãos começam a exigir muito, ou mesmo quando são maus, quando experimentam abrir as asas novamente. No momento em que conseguem brigar, a família pode estar a caminho da recuperação. Enquanto os pais esconderem a verdade, as crianças terão medo de perder o controle, medo de que possam trazer mais problemas para a casa.

Um bebê ou criança pequena numa família sob tensão refletirá a tensão a seu modo. Stephanie, que não conseguiu o suficiente de Valerie ao longo desse ano ruim, reagiu concentrando-se em Valerie. Em qualquer canto da sala onde estivesse, suas antenas estavam em sintonia com cada movimento de Valerie. Quando o rosto de Valerie se entristecia em algum momento pungente, Stephanie precipitava-se pela sala para olhar o rosto de Valerie, como que para dizer: "Está tudo bem." Vi esse tipo de inversão de papéis, o bebê cuidando da mãe, em outras situações em que a mãe estava deprimida. Valerie controla seus sentimentos tão bem que foi uma surpresa ver a preocupação de Stephanie. Não acho que seja ruim para um bebê ser tão sensível à dor da mãe e tão protetora em relação a ela, mas isso sem dúvida demonstra uma espécie de precocidade social. Essa é a contribuição do bebê para o sistema de defesa da família. Acho-o bonito e notável.

A criança que, como Lauren, não é o doente nem é bebê, pode ser a que mais sofre por causa dessas inibições. Ela está espremida entre um irmão doente, com quem todos se preocupam, e uma irmã de um ano, abertamente agressiva e provocadora. Em épocas de tragédia não se espera que bebês e crianças bem pequenas se "comportem", e eles aprendem rapidamente a manter a atenção distraída dos pais. Mas uma criança mais velha, tornada quieta pela atmosfera tensa, reprime-se. Crescem dentro dela sentimentos negativos, de raiva.

Os pais podem ajudar o irmão de uma criança doente, principalmente auxiliando-o a compreender aquilo que todos sofreram. Ao fazerem isso, eles estarão dizendo implicitamente: "Agora que superamos isso, podemos outra vez aceitar você como você é." O problema também pode ser abordado diretamente: "Você acha que não pode mais provocar Kevin porque tem medo de machucá-lo? Agora ele é forte", ou: "Você acha que Júnior ficou doente por sua culpa? Não é nada disso. As pessoas não adoecem só porque ficamos bravas com elas. Agora você pode ficar brava com ele, comigo e com o papai. Podem brigar, mas sem se machucarem."

Os pais de uma criança doente ou de uma criança que morreu podem também ter de auxiliar os irmãos por causa do medo da separação. Eles precisarão pôr à mostra o que está por trás desse medo. Para as crianças pequenas, a morte equivale à separação. Além disso, com uma criança no hospital, os outros filhos ficam muitas vezes separados dos pais. Isso gera mais angústia. Mesmo quando em casa, os pais podem ser reservados e inacessíveis. A atenção renovada dos pais ajuda as crianças a mostrarem o que sentem a respeito de todas essas perdas. Quer elas consigam ou não expressar suas preocupações, a proximidade individual com cada um dos pais reforçará as relações desgastadas.

PERGUNTAS COMUNS

Pergunta Foi um choque para nós quando nosso filho feriu-se num acidente de esqui e ficou paralítico. Eu sou médico. Duas horas depois do acidente, meu superior imediato no hospital me disse: "Sua vida nunca mais será a mesma, mas vamos ajudá-lo a superar isso." Pode parecer uma declaração bastante rude, mas me ajudou a compreender imediatamente que as coisas não voltariam a ser como eram. O senhor é a favor dessa franqueza direta?

Dr. Brazelton Sim, quando parte de um médico bem conhecido da família. Embora dolorosa, essa franqueza pode ajudar bastante.

Pergunta Após a doença e a morte de nossa filha, comecei a escrever o que sentia. Mantive um pequeno diário, pensando que mais tarde poderia revê-lo e aprender algo. Manter um diário não é um modo de reconhecer que nos recuperamos da tragédia?

Dr. Brazelton Sim. Escrever pode ser não apenas uma catarse, como também um modo de olhar para trás periodicamente e ver até onde você chegou.

Pergunta Estou preocupado com nosso filho mais velho. O irmão dele tem fibrose cística e o cuidado que dispensamos a ele toma boa parte de nosso tempo. Isso vem se prolongando há seis anos, mas ainda me pergunto se não estamos pedindo muito do filho saudável. Ele teve de amadurecer bem mais rápido que os outros meninos de sua idade. Ele nos tem dado grande ajuda. Nós lhe demos bastante responsabilidade, e ele foi capaz de aceitá-la. Apenas para emergências médicas, nós o ensinamos a dirigir aos treze anos, o que não é legal; mas se acontecesse algo, ele poderia dirigir. O senhor acha que ele sente falta da infância?

Dr. Brazelton Ele pode ter ganho algo equivalente ao que perdeu. Fico impressionado com a capacidade que uma criança nessa situação desenvolve para o futuro. É provável que ele não se deixe atrair pelas drogas e outras formas de rebeldia a que outros da mesma idade não serão capazes de resistir. Ele deve ter orgulho do auxílio que dá à família. Isso não significa que ele não vá estrilar de vez em quando e criticar vocês por lhe terem imposto tantas responsabilidades. Eu ficaria satisfeito se ele agisse assim. Mas vocês por certo lhe deram uma oportunidade de desenvolver um senso bastante firme de si mesmo, que inclui o senso de sua importância como responsável por outras pessoas menos afortunadas. Eu gostaria que mais pais esperassem e encorajassem essa reação dos irmãos em épocas de dificuldade. Contanto que vocês sejam sensíveis às preocupações dele e lhe dispensem tempo para que ele fique com vocês e com os amigos, não haverá nada demais em esperar que ele ajude. Pode estar certo de que, a longo prazo, isso valerá a pena para ele.

Pergunta Minha filha de quatro anos perdeu a irmã mais velha. Como posso saber o que passa na cabeça dela? Será que ela realmente compreende o que aconteceu à irmã?

Dr. Brazelton Seja paciente e escute-a com sensibilidade. Atente para os sentimentos descritos anteriormente: sentimentos de culpa, de responsabilidade pela doença da irmã, de abandono da parte de pais que estão ocupados e sofrendo, de raiva diante do "por que nós?". Dispensando-lhes tempo, semana após semana, você pode gradualmente transmitir a mensagem de que não há nada demais se ela quiser contar o que sente. Então, escute. Não lhe diga o que pensar. Você pode ficar surpresa e até magoada com o que ela disser. Mas se interrompê-la ou falar demais, perderá a chance de escutar e de explorar as reações dela.

Pergunta Como podemos impedir que nosso filho se sinta culpado pelo acidente do irmão?

Dr. Brazelton Não podem. Uma criança sempre se sentirá, irracional mas inevitavelmente, responsável pelo que aconteceu ao irmão. Você pode esperar essa reação e gradualmente ajudá-lo a perceber que a culpa não é dele.

Pergunta Levamos nossas duas filhas ao pediatra. Ele constatou que a mais velha tem diabetes. A mais nova estava com a saúde perfeita. Elas sempre brigaram muito, e muitas vezes a mais nova desejou que coisas horríveis acontecessem à irmã. Um ano depois, ela ainda parece sentir-se culpada. Embora eu tenha tocado no assunto milhares de vezes, ela não fala sobre a culpa que sente.

Dr. Brazelton Talvez você tenha esperado que ela desabafasse antes do tempo. Você deve esperar que a criança escolha o tempo certo e só depois disso escutá-la. Talvez, ao lhe dizer que ela poderia sentir-se culpada, você tenha impedido que ela se expressasse.

Pergunta Em fevereiro, minha esposa e eu perdemos nosso primeiro filho. Este ano resolvemos não celebrar o Natal, e fomos viajar juntos. Provocamos um ressentimento e hostilidade enormes em nossos parentes. Além disso, eles pensaram que estávamos fugindo do sofrimento. Agora, nos encorajam a ter outro bebê. Como explicar que não estamos prontos?

Dr. Brazelton Isso é problema deles. É claro que eles querem ajudar, e estão tristes por vocês ainda estarem sofrendo. Vocês é que devem decidir quando ter outro filho, não eles. Fico satisfeito por vocês não se apressarem a substituir a criança perdida imediatamente. Se o fizerem antes de superar a dor, provavelmente assoberbariam o próximo filho com excesso de cuidados e preocupações. Damos a isso o nome de "síndrome do filho substituto". Trata-se de um verdadeiro risco para pais que sofreram a privação. Portanto, recuperem-se em *seu próprio* ritmo, e adiem a próxima gravidez até que tenham se recuperado. Aí sim poderão desfrutar a alegria que ambos merecem. Vocês ficarão preocupados e talvez venham a superproteger o bebê, mas provavelmente poderão controlar suas reações.

Pergunta Por que os pais devem pensar primeiro na própria dor depois que um filho morre? Na condição de pai e de adulto, sinto que deveria suportar meus problemas e ajudar meus outros filhos. Por ser mais maduro, tenho condições de fazer isso, condições que, a meu ver, as crianças não têm.

Dr. Brazelton O motivo pelo qual você deve primeiro enfrentar sua própria dor é que, do contrário, você não pode realmente compreender o que a criança está sofrendo. Os pais têm de superar o choque, a apatia e a negação antes de poderem ajudar os outros filhos. Mesmo que tenha de reparar erros ou oportunidades perdidas, você terá uma capacidade muito maior de dar ouvidos aos seus filhos e de ajudá-los.

A família McClay revisitada

Os McClay moram numa casa compacta, despretenciosa, numa rua sem saída de um bairro operário, cheia de crianças. Kevin entrega óleo a centenas de lares em toda a Boston. Durante um bom tempo, para pagar a casa e equilibrar as finanças, ele manteve o seu outro emprego como policial do governo federal. Ele gostava de sentir-se cansado, lidando com pessoas em seu emprego público durante o dia e trabalhando sozinho na entrega de óleo de manhãzinha e à noite.

Kevin tem dois irmãos mais velhos, aos quais não agradara a idéia de mexer com óleo — era muita sujeira. Kevin abandonara temporariamente o emprego na polícia depois da doença do filho. Sua presença em casa era necessária. Seu pai também morreu nessa época e Kevin teve de dedicar-se ainda mais ao negócio de óleo. ''É difícil, mas estou me saindo bem. Dentro em breve comprarei outro negócio, também pequeno, e então poderemos mudar para uma casa maior. Só que as crianças não querem. Elas adoram morar nesta rua — há doze crianças da mesma idade aqui por perto.'' Kevin sorri ao falar da família. Está claro que ele não trata as crianças com muita severidade, embora não permita que elas ultrapassem um certo limite — e elas sabem disso. Vejo-o como um homem de convicções fortes e ideais elevados, que espera que os filhos correspondam a eles, tal como ele o fez.

Ao chegar, enganei-me de casa. Nesta, com brinquedos, caixas de papelão e latas espalhadas pelo quintal e pela varanda, estava claro que vivia uma família ocupada e com filhos. Aquilo, porém, não era do feitio dos McClay. Fiquei aliviado quando me disseram que eles moravam um pouco adiante. O sobrado de cinco quartos da família era alegre e bem conservado. Durante minha visita, as crianças fizeram um lanche. Estava claro que tinham liberdade de movimentos na cozinha, e, de minha cadeira na sala de estar, pude ver o pequeno caos que criaram. Mas eles limparam tudo sem esperar que alguém mandasse. Pareciam acostumados com a responsabilidade e com um procedimento ordeiro. Stephanie, agora com quatro anos, também ajudava, embora um tanto desajeitadamente. Lauren, agora com seis anos e meio, era como uma mãe para Stephanie e Júnior, de nove anos.

Lauren agora é uma menina de olhos brilhantes, vigorosa e no comando de tudo. O cuidado maternal com os irmãos substituiu a reserva e a inibição anteriores. Embora Valerie reclame das brigas e disputas freqüentes das crianças, vi bem pouca competição, muita união e muita atenção mútua entre eles. "Não ligo para as brigas", disse Valerie. "Deixo que eles as resolvam. Só interfiro quando se machucam." Fiquei contente ao perceber que a tensão ao redor da doença de Júnior arrefecera o suficiente para Valerie permitir, tanto quanto possível, que as crianças resolvessem suas brigas. As três crianças pareciam bastante unidas. Lauren estava no centro, dando as ordens e cuidando dos irmãos.

Valerie estava grávida de cinco meses. Júnior queria um menino "para equilibrar a família". Lauren queria uma menina (talvez para evitar que um menino adoecesse como Júnior). Stephanie só fazia sorrir quando alguém falava no bebê. A realidade ainda não a atingira. Acho que ela ainda se via como o bebê e tomava pessoalmente toda menção que se fazia a bebês. Enquanto Kevin e Valerie falavam, senti que viam esse bebê como uma recompensa por terem sobrevivido às tragédias dos últimos três anos — as mortes do pai e da mãe de Kevin, e a mais terrível de todas, o câncer no filho de seis anos. O novo bebê era um pouco como um seguro contra o "que mais vai acontecer?". Era característico dessa família suplantar a tragédia com medidas positivas voltadas para o futuro.

Júnior foi uma verdadeira surpresa. Em três anos, ele se transformou. Quando o vi pela última vez, recebia grandes doses de esteróides para o câncer. Na época, tinha bochechas inchadas, estava bastante gordo e os seus olhos sem brilho eram os de uma criança deprimida e infeliz. Com leucemia aguda, não há dor física, mas ocorrem sensações de pouca energia e de terror, e não há apetite. Quando Júnior irrompeu na sala de estar dos McClay, não pude acreditar em meus olhos. Ele agora era um menino loiro, bonito, com traços bem delineados e o rosto corado pela saúde e pelo exercício. Aos nove anos, irradiava vitalidade quando entrou ofegante na sala, depois de ter "corrido de bicicleta pelo bairro". Tinha compleição robusta, e tudo levava a crer que seria um atleta estimado e extrovertido.

Pouco depois, entraram Lauren e Stephanie, também ofegantes. Todos os três me cumprimentaram calorosamente. Perguntei se eles se lembravam das visitas a meu consultório. Júnior ficou sério, e seus olhos se entristeceram quando ele respondeu: "Sim, eu me lembro." Ele sentou-se no chão diante de mim, como se o encontro fosse sério demais para ele permanecer de pé. Seus olhos azuis e profundos refletiam as emoções que ele sentia ao relembrar a experiência que passáramos juntos. Ora sombrios, ora alegres, eles transmitiam os sentimentos que para Júnior era difícil expressar em palavras. Seu olhar mostrava o que suas respostas monossilábicas não diziam.

"Você se lembra do que conversávamos no consultório?" perguntei.

"Não." Kevin encarou-me como se evocasse lembranças demasiado dolorosas.

"Lembra-se de que você se preocupava por estar gordo?"

Kevin assentiu. "Eu me sentia esquisito", disse ele.

"Esquisito?"

"Sim, por parecer uma menina." Kevin olhou para a mãe grávida.

"Meninas são gordas?", perguntei. Ele confirmou com um gesto de cabeça. "Os garotos sabiam por que você estava gordo?"

"O senhor está falando da leucemia? Eu não tocava nesse assunto. Eles não queriam escutar. As crianças não gostam de crianças doentes." Seus olhos encheram-se de tristeza, e ele fitou o chão.

"Então você achava que não podia dizer a eles por que estava gordo?"

Nesse instante, o pai interveio, como que para protegê-lo. "Quando soubemos que eles provocavam Júnior, fomos falar com as freiras. Antes disso, havíamos pedido a elas que não dissessem nada. Mas não importa, ele agora está bem. Quatro anos e ele tem o menor arquivo da clínica de câncer. Quando vamos ao Hospital Geral de Massachusetts para o *checkup*, todas as enfermeiras dizem: 'Aí vem ele, o arquivo mais magro que temos.' Avistamos a pasta dele de longe, de tão fina. Todos os outros garotos, com doenças mais complicadas, têm pastas grossas. Agora Júnior pode fazer tudo — *tudo*."

Quando ainda submetia-se a tratamento, Júnior não podia praticar nenhum esporte que exigisse contato físico, nem podia fazer nada que pudesse provocar sangramentos, pois um dos sintomas da leucemia é a suscetibilidade a ferimentos e hemorragias. Aos seis anos, essas restrições provavelmente foram piores que qualquer outra coisa para um garoto anteriormente tão ativo. Agora Júnior me assegurava que não conseguia se lembrar do sangramento nem da incapacidade de praticar esportes. Isso era um indício de que a experiência fora muito dolorosa para ele — tão dolorosa que ele a reprimia.

"Agora posso jogar futebol, hóquei", disse ele. "Também tenho um skate."

"Tudo", repetiu o pai, sorrindo.

"Então, não há mais sangramentos!", exultei, perguntando em seguida: "Você se lembra do desenho que fez em meu consultório, em que as células do sangue eram comidas por outras células?''

''Não.'' Mas os olhos dele diziam-me o contrário.

Eu lhe descrevi o desenho em que as células ruins comiam todas as boas.

''Lembro-me de ter desenhado um arco-íris'', ele disse.

''Também me lembro disso.''

''As células boas comiam as células ruins.''

''Era por isso que as células eram gordas?''

Nesse ponto, o pai exclamou: ''Aprendemos tanto conversando com o senhor. Quando nos mostrou o desenho que Júnior fez das células que devoravam as outras e o desenho do arco-íris cobrindo a batalha, percebi o quanto ele se esforçava para fazer tudo parecer bem. Agora, está tudo bem, finalmente. Os médicos disseram que foi um milagre.''

Pude perceber como ainda era difícil para eles — e seria para qualquer outra família — fazer face a essa horrível doença. Sempre que falamos de algo lúgubre, há uma necessidade de mudar de assunto, de falar sobre algo leve ou positivo. Pode-se ver a importância dessa defesa quando os pais se apóiam mutuamente e ao filho na luta de vida ou morte. A força e o poder de tais defesas e a necessidade de negação nunca foram tão claros para mim como quando falei com os McClay.

Nessa consulta-retorno, porém, admirei-me por eles falarem tão abertamente sobre todos os assuntos na presença dos três filhos. Não houve qualquer tentativa de mandá-los para fora da sala enquanto se falava de leucemia, quimioterapia, das remitências. Kevin Jr. nunca esteve longe por muito tempo, embora fosse chamado por diversas vezes para sair e brincar com os seus vários amigos. Falar abertamente parecia agora mais fácil para a família.

Falamos sobre as outras mortes ocorridas na época em que Kevin adoecera. A mãe de Kevin, que ficara com câncer um ano antes do diagnóstico de Júnior, havia sobrevivido ao marido e o tempo suficiente para ver o neto ''superar o câncer''. O marido, com o qual todos se preocupavam, era o mais fraco da família. Tinha problemas cardíacos crônicos, e a esposa temia morrer primeiro. Quando ele teve um ataque cardíaco fatal, ela disse: "Agora posso me juntar a ele", e ela "sucumbiu à morte alguns meses depois". Essas perdas consecutivas haviam acompanhado o diagnóstico e o tratamento inicial de Júnior. Bastante apegado à avó, o menino chorara durante dias após vê-la num respirador pouco antes de morrer.

Enquanto os pais falavam sobre isso, Júnior me perguntou: "O que acontece quando eles abrem nosso coração? Como é que a gente respira?"

"Eles nos dão oxigênio por meio de tubos iguais aos de sua avó, e os tubos respiram por nós durante a operação. Quando acordamos, estamos respirando de novo. Você passou a se interessar por medicina depois de suas experiências?"

Júnior fez que não com a cabeça, mas seu olhar, fixo em mim, dizia que sim.

Os pais de Júnior aproveitaram a oportunidade. "Nós falamos com ele a respeito. Ele tem tanta sorte que deveria usar o que aprendeu para ajudar outras pessoas." Júnior remexeu-se na cadeira, um tanto embaraçado, mas continuou a olhar para mim.

"Júnior, vou lhe fazer uma pergunta que pode parecer tola: você aprendeu alguma coisa com todo esse sofrimento?"

"Bem, eu não rio dos outros."

Perguntei se ele se referia a pessoas com algum problema. Ele assentiu: "Eu sei como elas se sentem."

Não pude deixar de acrescentar: "E o próximo passo é querer ajudá-las." Ele deu um sorriso quase que imperceptível.

Nesse instante, os pais começaram a falar sobre o dr. Truman. Disseram que ele fora franco desde o início, que nunca fizera rodeios quanto à gravidade da leucemia de Júnior, mas que também lhes dera esperança. "Há dois tipos de leucemia — a boa e a ruim. A sua é boa."

"Foi o dia mais longo de nossas vidas", disse Kevin com um suspiro. "Não conseguimos sequer compreender o que estava acontecendo. Simplesmente sobrevivemos. Estávamos em choque. A única coisa que se pode fazer nessa situação é continuar a respirar. Não sei o que nos manteve. Quando fomos à casa de minha mãe — que estava à beira da morte, o senhor sabe — não agüentamos mais e caímos num choro inconsolável. Meu pai não suportou e saiu da sala. Um mês depois, ele morreu de ataque cardíaco. O dr. Truman nos disse, 'Nós vamos conseguir', e acreditamos nele. 'Se conseguirmos uma melhora, é provável que haja recaídas, mas podemos tratá-las também. Não sabemos quantas, nem por quanto tempo teremos de lutar. Mas conseguiremos.' ''

Kevin mencionou que o dr. Truman falava com o menino como se ele fosse adulto.

Dirigi-me a Kevin Jr.: ''Se você tivesse uma chance de falar com outros garotos que têm de enfrentar uma doença como a leucemia, o que lhes diria?''

''Que dói. As agulhas. Especialmente as agulhas na espinha.''

A mãe assinalou que ele se referia às injeções na medula. Júnior fez que sim. Mas percebi que ele falava também sobre outra dor, mais profunda — a gravidade da doença e seus temores em relação a ela.

''Você gostaria que as pessoas dissessem às crianças o que elas têm?'', perguntei.

''Ah, sim! É importante as crianças saberem. De qualquer modo, eu lhes diria para passar por cima disso. Não vai durar para sempre.''

''Você sabia a que as pessoas se referiam quando diziam que você estava com uma doença grave?''

''Eu sabia'', Kevin respondeu.

''Você sabia o quê?''

''Que eu podia morrer.''

''O que a morte significava para você? O que você diria a uma outra criança que tivesse de enfrentá-la?''

''Que mesmo que morresse, ela seria feliz lá em cima.''

''Onde você aprendeu isso?''

"Quando minha avó morreu, ela parecia tão feliz e em paz. Antes ela estava sofrendo. Depois não estava. Minha tia me disse que ela seria feliz pelo resto da vida."

Os pais comentaram o quanto Júnior demorara para abrir-se com eles. Haviam se empenhado nisso, pois sabiam que Júnior guardava muita coisa para si. "Se eu soubesse como isso era importante", disse o pai, "teria sido franco com ele antes. Teria feito mais por ele." Ele olhou para Júnior, robusto e bonito, como se seu filho fosse a maior preciosidade de sua vida.

"Parece-me que você fez bastante por ele", eu disse. "Vocês parecem tão apegados." Kevin concordou. "Você queria tê-lo poupado de toda essa doença?"

Os olhos dele encheram-se de lágrimas. "Não nos atrevemos a pensar assim. Simplesmente enfrentamos as coisas à medida que elas acontecem."

Perguntei-lhes como haviam conseguido superar tudo. Suas famílias haviam sido importantes, disseram. As duas irmãs da sra. McClay, ambas enfermeiras, assumiram o comando e prestaram-lhe apoio em todas as ocasiões. A irmã mais velha era o principal ponto de apoio. Essa irmã, que sempre fora uma mãe para Valerie, está agora fazendo doutorado em enfermagem. Ela tem sido um apoio importantíssimo para todos os McClay. "Todos nós achamos que ela é o máximo! Não sei o que teríamos feito sem as nossas famílias." Os dois irmãos de Kevin e as duas irmãs e o irmão de Valerie, todos os apoiaram. Comentamos como parentes próximos podiam ser confortadores quando se tem de lidar com perdas tão sérias.

"Outra coisa que nos ajudou foi a religião", disse Kevin. "Ambos acreditamos na misericórdia de Deus e na vida após a morte. Achamos que nossos pais estão no céu, e que, se tivéssemos de renunciar a Júnior, ele iria para junto deles." Percebendo que a esposa e o filho olhavam-no com ternura, Kevin enrubesceu. "Além disso, achamos que Deus pode fazer milagres, e a recuperação de Júnior é um deles."

"Vocês acreditam em milagres?"

Os três confirmaram com um vigoroso gesto de cabeça.

"Nós acreditamos", disse Valerie, "que se você acreditar verdadeiramente em Deus, Ele responderá. Estávamos desesperados, e sentimos que Ele respondeu."

"Não se trata apenas de ir à missa", disse o marido. "Não fazemos isso sempre. Nós nos voltamos para Ele e nos entregamos à sua misericórdia."

"Acho que nunca experimentei realmente esse tipo de resposta", eu disse, "mas parece-me bastante poderosa. E como foi para você, Júnior?"

"Eu só esperei, esperei — até que acabou."

"Ninguém mais sabia pelo que estávamos passando", disse Kevin. "Finalmente, entramos num grupo de doze pais que estavam enfrentando a LLA. *Eles* sabiam. E a enfrentamos juntos. Eu aconselharia a todos que enfrentam o mesmo problema para entrar num grupo. Foi vital para nós estar com outras pessoas que *realmente* compreendiam."

Os três começaram a falar sobre as crianças que sabiam haver morrido desde então. Eles até mesmo se referiram a algumas das crianças como as "carecas". Eles eram notavelmente francos um com o outro, e pareceu-me uma grande conquista estarem discutindo a leucemia de um modo tão honesto.

"No início, eu nunca sabia exatamente o que Júnior sentia", disse o pai. "Então percebi que, quando brigava com as irmãs ou chutava a porta, ele mostrava que estava sofrendo. Percebi que essa era sua maneira de desabafar. Então comecei a pressioná-lo para me contar o que o incomodava. Um dia, ele estava carrancudo e irritado. Descobri que os outros meninos o tinham provocado: "Gordo! Gordo!" Eu queria brigar com eles, mas era tarde demais. O acampamento havia acabado. Eu disse que ele era gordo por causa dos remédios, mas percebi que o problema não era apenas ser gordo. Ele andava irritado por estar doente. Eu também sentia raiva. E manifestar a raiva ajudava-o. Então começamos a nos empenhar para ele falar mais conosco."

Kevin passara a ensinar Júnior a revidar as agressões que recebia. ''Eu até mesmo o pressionei a brigar com o vizinho, que é dois anos mais velho. Eu disse que, mesmo perdendo, ele se sentiria melhor. Mais tarde, ouvi os dois trocando socos. Júnior voltou machucado e arranhado, mas havia conseguido. Agora o menino o respeita.''

Valerie concordou: ''Aprender a combater as coisas pode fazer de você um vencedor. Quero que ele aprenda duas coisas com isso — a lutar sozinho e a respeitar outros que têm problemas. Júnior aprendeu ambas. Quando ouve um vizinho nosso, que é deficiente físico, chamar a sobrinha na rua, Júnior vai buscá-la, para que ele não tenha de ir atrás dela arrastando a perna inválida. Acho que Kevin sabe como é o problema. Tenho orgulho dele.''

Aventei a possibilidade de ele ainda estar sob tensão. Dizendo que também pensavam assim, os McClay puseram-se a falar — e, a meu ver, a pedir conselhos — sobre os problemas de Júnior na escola. Ele freqüentava uma escola paroquial e saíra-se bem no primeiro ano após a doença. ''Havia então uma irmã compreensiva.'' Mas depois que ele começou a melhorar, pediram às freiras que deixassem de tratá-lo de maneira especial. ''Elas assim fizeram. Para dizer a verdade, passaram a ser rigorosas demais. Praticamente não lhe dão nenhum espaço. Vivem queixando-se dos devaneios e da falta de atenção de Júnior. Ele vai muito bem na escola, mas elas parecem querer que ele melhore cada vez mais. Acham que, quando ele não consegue prestar atenção, está sendo mau.''

''O que vocês pensam disso?'', perguntei.

''Eu queria que ele aprendesse a prestar atenção e a não se meter em encrencas'', respondeu Valerie. ''Quero apoiá-lo com as irmãs, mas sei que isso só tornaria a situação pior. Você tem de aprender a conviver com elas.''

Kevin se manifestou. ''Quando não consigo terminar meu trabalho, ela diz: 'Faça mais rápido.' Quando faço mais rápido, ela diz: 'Você fez muito rápido.' As freiras não pensam na gente.''

"Nem no que você enfrentou", acrescentei.

Ele assentiu. O pai prosseguiu: "Ele é um líder na classe. Todos gostam dele e o respeitam. Mas acho que ele ainda se preocupa muito. Ele fez um pouco de terapia com um psicólogo quando esteve deprimido. O psicólogo disse que sermos abertos e compartilhar as coisas com ele era o melhor que poderíamos fazer para ajudá-lo, não é, Júnior?"

Júnior parecia não ter muita certeza quanto ao significado disso, mas percebi nele um desejo real de agradar seus devotados pais. A expressão de seu rosto era animada e ansiosa, mesmo quando seus olhos se entristeciam. Ele ainda guardava muitos conflitos não resolvidos. Só poderia estar confuso depois que sua doença recebera uma atenção tão constante e assoberbante, depois que todos à sua volta haviam se quedado numa tristeza tão profunda. Mesmo que tivesse tido alguma compreensão de tudo isso, ele sem dúvida sentira a angústia dos pais. Pude perceber um tipo especial de intimidade entre o pai e o filho, como se a força do vínculo que os unia tivesse a finalidade de protegê-lo contra o perigo de uma doença terrível. Essa força agora era tremenda. Talvez fosse difícil resolver essa intimidade quando Júnior sentisse a necessidade de rebelar-se na adolescência. Como se pressentisse meus pensamentos, Kevin disse: "Júnior e eu temos brigado mais ultimamente. Ele já não é tão obediente."

"Isso é bom para Júnior. Talvez seja um sinal de sua coragem de revidar depois de tudo pelo que passou."

Valerie interveio: "Tudo o que posso fazer é não superprotegê-lo. Lauren outro dia entrou e disse: 'Júnior bateu com a bicicleta e caiu.' Fui até a porta. Lá estava Júnior, estatelado na rua. Eu me controlei e só gritei: 'Você está bem?' Ele resmungou que sim, e deixei que se levantasse sozinho."

"Fazendo isso, você o afasta do perigo de..."

"... de uma síndrome de criança vulnerável! Li todos seus livros. E estou me empenhando nisso, embora seja difícil."

Júnior começou a sentir-se pouco à vontade e saiu para brincar.

"Eu sei, mas você está agindo corretamente. Um menino que consegue se virar com um tombo de bicicleta ou uma surra do vizinho sem precisar de sua ajuda sente-se seguro. Quando os pais têm necessidade de interceder por um filho, isso reforça nele um senso de inaptidão. Ele sente-se inferior aos garotos que conseguem se arranjar. Resolver os próprios tombos e brigas é um grande antídoto para sentimentos de fraqueza, maldade, preguiça, ou qualquer coisa que possa fazê-lo sentir-se muito doente."

Em resposta à minha tentativa de tranqüilizá-la, Valerie disse: "Mas acho que o pressionamos *demais*. Queremos tanta coisa para ele — depois de tudo pelo que passou."

"É claro, e uma reação natural seria tentar protegê-lo de qualquer pressão adicional. Mas isso não iria ajudá-lo. Deixá-lo lidar com os problemas e ver que pode fazer isso é muito mais revigorante para ele."

Kevin tomou a palavra para prosseguir no mesmo tema: "Se ao menos fosse mais fácil para ele nos contar o que sente. É muito mais fácil para as meninas. Lauren conta tudo o que sente e fica tranqüila com isso. Quando perguntamos a Júnior como foi o dia, ele diz: 'O mesmo lixo de sempre'".

Fiquei imaginando se "o mesmo lixo de sempre" não significava os mesmos temores de sempre quanto ao futuro. A criança necessita de um longo tempo para superar um episódio tão assustador. Tudo o mais deve parecer trivial na comparação. Mas, como eu concordava com os esforços do pai para que ele comunicasse e compartilhasse seus sentimentos, não lhes fiz essa interpretação do conflito, pois senti que seria uma pressão muito forte para eles. Ainda estavam envolvidos na luta contra a doença. Embora Júnior parecesse "milagrosamente" curado, um milagre implica uma certa descrença, uma sensação de que a vida fosse apenas tolerável. No fundo, Valerie e Kevin talvez não se atrevessem ainda a crer que a recuperação do filho era real.

"Júnior está superando seus problemas", prosseguiu Kevin. "Quando o vizinho o engana, ele agora revida. Diz: 'Não vou deixar que ele se aproveite de mim.' Ele está perdendo o medo.

Talvez isso também o ajude na escola. Quando se frustrava, ele simplesmente ficava tamborilando na carteira. As irmãs reclamavam disso. Agora ele diz: 'Você está errada', ou então, 'Eu não entendo isso.' Essa atitude também não as agrada, mas sinto que *ele está* melhor, quer elas compreendam ou não."

Concordei plenamente.

"Nós não vamos até lá para falar com elas", disse Valerie. "Não queremos que elas o mimem, mas elas não estão exagerando? Quando eu tinha treze anos e os meus pais morreram, aprendi que você simplesmente tem de levar a vida adiante. Você não tem escolhas. Mas você pode aprender algo com tais coisas. Você pode ser uma pessoa gentil. E sempre tentar progredir. É o melhor que se pode fazer. Quero que Kevin seja assim. Mas nós somos duros demais com ele? Quando eu digo, 'Não bata nas suas irmãs', ele me olha como se eu fosse severa demais com ele. Uma vez ele me disse, 'Você não me abraça como a elas.' Foi um golpe baixo. Estou fazendo o que é certo?"

"Você está tentando lhe transmitir o sentimento de que ele está bem e que pode resolver as coisas sem ser mimado. Ele precisa disso. Mas, como qualquer criança, ele precisa também da certeza de que você estará presente quando ele necessitar. Talvez este seja o momento, agora que ele está tendo dificuldades na escola. Descubra o que os professores estão dizendo. Ser muito pressionado também não é bom para ele. A criança necessita de vários anos para vencer a raiva e todas as emoções provocadas por essa doença. Penso que vocês dois foram tremendamente sensíveis a esse aspecto da luta de Júnior. Sempre fico imaginando o quanto são ligados os aspectos físicos e os aspectos psicológicos da recuperação de uma doença como essa."

"Nós também", disse Valerie. "Quando Júnior estava no meio da quimioterapia, eu disse a Kevin: 'Temos de ajudá-lo também com os sentimentos dele.' E ajudamos. Além disso, procuramos um psicólogo e passamos a participar mais ativamente do grupo de apoio em que estávamos no hospital."

Valerie fez uma pausa. Logo depois, prosseguiu: "Quando me casei com Kevin, ele praticamente nunca expressava nenhum sentimento."

"Como Júnior?"

"Acho que sim. Na verdade, nunca pensei nisso antes. Mas Kevin nunca demonstrava alegria ou tristeza. Quando Júnior ficou doente, ele começou a se abrir. Não, isso foi antes. Na verdade, ele começou a se abrir quando Júnior nasceu. Esse foi o primeiro milagre, ter o próprio filho, e eles sempre foram muito, muito íntimos. Um parece saber o que o outro está sentindo, mesmo sem palavras."

"É assim que eles se comunicam."

"Exato", disse Valerie. "Mas eu precisava mais da parte de Kevin quando o pequeno Kevin adoeceu. Todos nós tivemos de aprender a nos expressarmos. Kevin também aprendeu, pois do contrário eu não teria agüentado. Sou italiana, e não consigo esconder emoções."

Kevin meneou a cabeça, concordando. "Isso ajudou a todos nós."

Como se a discussão os impelisse a ser mais abertos também comigo, eles levantaram uma nova questão: "Nós fazemos a dança das camas aqui em casa. Kevin gosta de ir para a cama com as irmãs, e, à noite, ele também vai para a nossa. Ele tem um quarto só para si, mas nunca fica nele. Lauren fica em sua cama. A pequenina também fica na dela. Mas Júnior parece incapaz de dormir sozinho."

"Não posso dar conselhos sem saber mais. Talvez Júnior ainda seja perseguido pela angústia da separação deixada pela ameaça da doença. A morte para uma criança pequena significa a separação de todos aqueles que ama. É o maior medo dela — 'Para onde irei? Vou ficar sozinha? Quem estará lá para cuidar de mim?' Talvez ele ainda não tenha solucionado esses temores, embora seja capaz de falar sobre ir 'lá para cima' a fim de ficar com os avós."

"Nunca fiz essa ligação", disse Valerie. "O senhor acha que ajudaria se falássemos com ele a respeito? É bastante desconfortável encontrá-lo na cama; um de nós tem de sair. Nunca sabemos onde vamos acabar dormindo. Mas em face do que enfrentamos, não dou muita importância."

"Você está em dúvida se essa atitude de dormir na cama dos outros é realmente boa para Júnior?"

"Sim", disse Valerie.

"Não sei com certeza, particularmente quando ele entrar na adolescência. A intimidade com você é grande. Mas isso torna difícil para ele encontrar a si mesmo e se separar como deveria."

"Talvez precisemos pensar mais a respeito dessa história de Júnior dormir na cama dos outros", disse Kevin. "O senhor sabe, depois que minha mãe e meu pai morreram, trouxemos o cachorro deles para nossa casa. *Todos* nós o adorávamos. Então o cachorro morreu. Era tão velho que nós já esperávamos. Mas Júnior ficou arrasado. Ele começou a atormentar as irmãs. Dessa vez, eu sabia o que era. Eu disse: 'Vá para o quarto, pense no cachorro e chore.' Quando ele desceu, estava bem melhor. Mas teve de enfrentar a morte outra vez."

"Como as outras crianças lidaram com a doença?" perguntei.

"Stephanie era nova demais para compreender", disse Valerie. "E, de nossos filhos, ela é a mais expansiva e determinada. Lauren foi a que mais sofreu. Certa noite, quando estava no meio da quimioterapia, Júnior acordou com as feridas na boca sangrando. Lauren estava na cama com ele, e acordou gritando. Havia visto todo o sangue. Estava histérica. Ela ficava gritando: 'Eu fiz Kevin ficar doente?' Desde então, ela o protege. Agora está começando a ficar menos angustiada e compete mais com ele. Lauren é tímida por natureza e deixa que se aproveitem dela. Mas agora, de tanto insistirmos, já não o trata como se ele fosse tão frágil. Custou-lhe um ano e meio, mas ela está melhor." Valerie suspirou. "É difícil lidar com mais de um filho em épocas difíceis."

Kevin retomou um assunto que o obcecava: seriam a falta de atenção e os devaneios de Júnior uma forma de hiperatividade? As freiras os haviam levado a pensar nesse rótulo. Elas afirmavam que Júnior mantinha a atenção por tão pouco tempo e sua atividade era tão constante, que ele podia sofrer do distúrbio de atenção deficitária (conhecida abreviadamente por ADD, ou hiperatividade). Embora ele fosse um dos primeiros alunos da classe, elas continuavam a pressionar. Ficaram tão desesperadas que sugeriram Ritalina (uma droga com o objetivo específico de tratar crianças hiperativas). Os McClay não acharam direito tratá-lo com uma droga, "a menos que ele precisasse dela". Perguntaram-me se eu o achava superativo e se a Ritalina era necessária.

Eu vira Kevin prestar uma atenção calma em tudo o que estivéramos discutindo; sentado, ele nos escutara tranqüilamente por mais de uma hora. Além disso, não se mostrara distraído. A agitação e a falta de atenção são duas características da síndrome de ADD. Eu disse aos McClay que não o considerava verdadeiramente hiperativo. Eu achava que a doença o abalara de tal maneira que ainda o preocupava. O período de atenção curto, o devaneio que elas observavam na escola, surgiam quando ele estava sob pressão, e parecia inteiramente adequado. Esses sintomas representavam uma agitação subjacente; quando ele estava em equilíbrio, podia fazer tudo o que lhe pediam. Mas quando achava que estava fracassando, ou desagradando às professoras, ele passava a se distrair com facilidade.

"Fico imaginando se não aumentei ainda mais a pressão sobre ele quando disse: 'Se não resolver seus problemas na escola, não poderá jogar hóquei.' Isso significa mais pressão?"

"Penso que sim. Júnior poderia ser capaz de resolver tudo isso imediatamente. Ele é um garoto tão notável. Mas só tem oito anos de idade. As freiras não reconhecem essa necessidade de uma válvula de escape. Elas querem uma criança atenta, maleável, e, na medida em que Júnior se comporta de tal modo, elas ficam satisfeitas. Mas ele precisa de escoadouros também. Eu também detestaria que ele fosse tratado com medicamentos. Para ele, em especial, as drogas devem ter um significado mais profundo. Elas provavelmente significam todas as coisas que a doença significou — ser triste, estranho, deficiente. Eu gostaria mais que ele não fosse tão pressionado, que pudesse ter seu ritmo próprio na escola.''

''O senhor acha que deveríamos levá-lo outra vez à psicóloga que procuramos antes?'', perguntou Valerie. ''Ela nos ajudou muito.''

''Poderia ser uma boa medida. Vocês merecem ter mais alguém para ajudá-los. Se ela compreender Júnior e gostar dele, acho que isso lhe daria uma chance de desenvolver novos modos de solucionar problemas irresolvidos relacionados à doença, e ela poderia muito bem ajudar todos vocês a desenvolver técnicas para lidar com qualquer pressão que venha a surgir no futuro.''

Não era de admirar que a tentativa dos McClay de encarar o lado favorável de uma ameaça tão grave quanto a doença do filho não tivesse eliminado ainda toda a tensão. O modo como a negação ajudara-os a sobreviver ao período de diagnóstico e tratamento já era espantoso. Agora eles tinham equilíbrio suficiente para encarar a dor restante e os aspectos incompreensíveis de sua experiência. Talvez isso viesse a tranqüilizar Júnior e a ajudálo a encontrar seu caminho. Dando-se tempo ao tempo, Júnior provavelmente se tornaria um líder e conquistaria tudo o que quisesse na escola. Isso agradaria a ele e aos pais, e eles certamente mereciam algumas vitórias.

Quando fui embora, senti uma mescla de admiração e gratidão por aquela família notável, que me permitira aproximar-me tanto, revelando-me o que havia de mais profundo na provação deles. Agora, observando aquele radiante garoto de nove anos, eu podia realmente avaliar o ''milagre''. Quando saí, Júnior corria pela rua sem saída, em cima do seu *skate*, erguendo-se no ar, aterrissando depois com um ruído surdo, ainda ereto e ainda capaz de me mostrar como era corajoso depois de tudo o que enfrentara. Juntei-me a eles na crença de que Deus estava do lado daquela criança!

CAPÍTULO V
A FAMÍLIA O'CONNELL-BEDER

História da família

Eileen O'Connell e Barry Beder são os pais de Jenny, uma menina coreana de quatro meses que eles adotaram há um mês. Eileen é enfermeira psiquiátrica, exercendo a prática privada há dez anos. Passou a trabalhar meio período; assim, poderia adotar a primeira criança que surgisse. Eileen é alta e loira, e tem um ar confiante. Barry Beder, moreno, esbelto, é jogador profissional de tênis e o retrato do jovem executivo bem-sucedido. Dirige uma firma de consultoria em redução de estresse e programas de saúde em grupo. Usando novos conceitos baseados na hipnose e em sua experiência em serviço social, ele faz seminários para empresas de todo o país sobre como lidar com tensão, alcoolismo e tabagismo. O sucesso foi rápido e, de certo modo, avassalador. Tem viajado bastante, mas agora procura reduzir as viagens para poder dedicar mais tempo à esposa e ao novo bebê.

Eileen e Barry conheceram-se quando orientavam um grupo de adolescentes num hospital psiquiátrico. Como muitos casais de hoje, primeiro estabeleceram-se profissionalmente e ajustaram seu relacionamento como casal antes de iniciarem uma família. Queriam ter um bebê rapidamente, mas Eileen não engravidava. Ficaram chocados.

Seguiram-se oito anos de aflitivos exames e tratamentos para esterilidade. A experiência fora deprimente para eles, como indivíduos e como casal, despertando sentimentos de inaptidão, dor, impotência e raiva. Esses sentimentos eram irracionais e difíceis de controlar. As inseguranças que a maioria de nós experimenta à medida que crescemos foram revividas por esse golpe profundo na auto-estima deles. Eileen e Barry estavam acostumados ao sucesso. Com a prosperidade no casamento e nas carreiras, tinham todos os motivos para contarem com o êxito na criação de uma família. Apesar de ambos gostarem de suas carreiras, viam-nas também como um investimento para a futura família. Depois de tanto prepararem-se, aguardaram, ansiosos. Mas o bebê não veio.

Esterilidade

VISITA AO CONSULTÓRIO

Na primeira visita de Eileen e Barry a meu consultório, abordamos seus problemas de esterilidade. Cumpria-me compreender o que eles haviam enfrentado para poder conhecê-los e ajudá-los a ter um bom começo com Jenny. Eileen parecia ansiosa para discutir a experiência, e Barry também parecia ansioso para participar. A necessidade que eles tinham de apoio era comovente.

Eileen É uma longa história. Eu passei toda minha vida adulta evitando a gravidez, e então, quando eu — quando nós — decidimos ter um bebê, eu estava virtualmente pronta para começar a enviar os comunicados de nascimento.

Barry Fomos juntos ao ginecologista, e ele disse que Eileen estava ovulando naquele dia. Voltamos correndo para casa. Telefonei para o escritório e disse: "Turma, vou para casa fazer um bebê."

Eileen A única dúvida era se seria um menino ou uma menina.

Barry	Exato. Tudo parecia tão fácil assim.
Eileen	E então, nada.

Eileen e Barry continuaram a tentar. Os meses tornaram-se anos. Eles procuraram ajuda. Mas o que os aguardava era mais frustração.

Barry	Os médicos nada constataram de errado. Diagnosticaram-nos como "estéreis normais" — isso significava que eles simplesmente não sabiam do que se tratava. Eles vinham com evasivas, dizendo: "Bem, talvez isso, talvez aquilo", e então tínhamos de fazer mais exames. Finalmente, encontraram alguma coisa, depois de quatro anos.
Dr. Brazelton	Vocês passaram quatro anos fazendo exames!
Barry	Ocasionalmente.
Eileen	Descobriram uma infecção em nós dois e disseram: "É isso. Tomem estas pílulas durante doze dias. Vão provocar náusea, mas agüentem firme — e ela engravidará."
Barry	Elas certamente nos deixaram nauseados. Nisso eles acertaram. Mas foi só. Nada de gravidez. Todos nossos amigos estavam tendo bebês ou então já tinham filhos, e para nós era duro ficar perto deles.
Dr. Brazelton	Sempre que vocês olhavam para um bebê, vocês sentiam...

Barry Exato. Uma porção de vezes no cinema, ou então num comercial de televisão, quando aparecia um bebê, olhávamos um para o outro e ficávamos tristes.

Eileen Barry geralmente dizia: "Vai acontecer." E eu chorava. Ficava sentada no cinema, e quando aparecia uma cena de mãe e bebê, eu começava a chorar. (*Escuto essa mesma história tantas vezes*)

Barry Quando eu estava na companhia de homens, eles vinham com piadas machistas. Diziam: "Você não sabe como é que se faz?" Esse tipo de coisa. "Quer que eu mostre como se faz?"

Dr. Brazelton Os homens diziam isso a você?

Barry Na brincadeira, o senhor sabe como é. Eles diziam, "Ei, é melhor você dar um jeito nisso", ou então, "Qual é o problema?"

Dr. Brazelton Você é um bom jogador de tênis, não? Isso começou a interferir em seu esporte?

Barry Não. Descobri uma maneira de solucionar esses sentimentos e a raiva dentro da quadra de tênis.

Dr. Brazelton No entanto, é claro que isso atinge seus sentimentos de masculinidade, e, Eileen, isso deve também atingir seus sentimentos de feminilidade.

Eileen Sim, comecei a me sentir como se não fosse uma mulher de verdade. No fundo, havia algo de errado comigo. Eu achava que não era atraente, desejável. Às vezes pensava que tinha algo de...

Dr. Brazelton ... falso?

Eileen Sim. Todas as pessoas ao meu redor estavam tendo filhos — eu tentava com todo o afinco, mas nada acontecia. As coisas se acumularam por uns tempos e entramos em crise, não sabíamos mais se queríamos estar casados. Chegamos ao ponto de questionar até mesmo isso. Comecei a imaginar que quando tivesse uns quarenta e cinco anos, ele se apaixonaria por uma garota de dezenove, teria filhos com ela, e tudo terminaria bem para ele. Ele não sentia a pressão biológica. Comecei a ter dúvidas se a longo prazo ele continuaria casado comigo.

Barry As dúvidas dela eram cabíveis, em certo sentido. Não que eu tivesse qualquer intenção de deixá-la, mas seria bem mais fácil deixá-la. Nosso casamento passou por um grande teste.

Eileen Acho que, ao ver meu casamento ameaçado, decidi parar de tentar engravidar. Era eu que sentia mais a pressão. Simplesmente não podia continuar tentando. Após umas sessenta ovulações, eu disse, "*Acabou*! Não agüento mais! Se não parar, vou ficar maluca." Foi um alívio tomarmos a decisão de adotar uma criança. Eu me sentia como se houvéssemos feito uma viagem bem longa e difícil e, de algum modo, houvéssemos conseguido — havíamos chegado ao fim do túnel. E é por isso que Jenny é tão especial.

Dr. Brazelton Eu sei. O milagre, o bebê. Ela é incrível, não?

OS PROBLEMAS

Cada vez mais casais estão esperando chegar aos trinta, trinta e poucos anos para iniciar suas famílias. Empregando técnicas de controle de natalidade para poder escolher o momento de ter o primeiro bebê, eles podem sonhar e planejar durante vários anos antes de começar a tentar. Tendo sido bem-sucedidos em outras áreas, eles esperam obter sucesso também nesta. Quando tudo corre conforme o planejado, eles não ficam nem surpresos nem gratos. A gravidez satisfaz a expectativa de que "quando estivermos prontos, ela acontecerá".

Quando tornam-se pais, esses casais em meio de carreira, com trinta e poucos anos, podem oferecer ao bebê um meio externo seguro. Podem também oferecer ao bebê um exemplo de segurança interior, o qual eles construíram em seus anos de sucesso. Normalmente tornam-se pais dedicados. Ao mesmo tempo, as vicissitudes do relacionamento com um bebê e da aceitação de um senso mais profundo de responsabilidade muitas vezes deixa-os desconcertados por algum tempo. Casais dessa idade tendem a ter hábitos rígidos; no entanto, cada novo estágio no desenvolvimento do bebê exige reorganização da parte dos pais. É provável, portanto, que eles se angustiem como pais ao longo do processo. Para um pediatra, eles são pacientes exigentes, pois preocupam-se demais e são perfeccionistas. Procuram mais conselhos que pessoas jovens. Empenham-se em compreender a psicologia da condição de ser pais e da criação de filhos — muitas vezes quando não há explicações fáceis. As incógnitas da condição de ser pai muitas vezes deixa-os perturbados. Eles tendem a proteger excessivamente o bebê. Para ser pai, tem-se de aprender com os erros e deixar que a criança faça o mesmo; jovens profissionais que planejaram e controlaram suas vidas até esse ponto devem aprender a usar uma nova abordagem como pais. Tudo isso não é fácil, mas, como esses casais estão tão ansiosos para serem pais, sua poderosa motivação ajuda-os a aprender com rapidez. A ansiedade, a angústia e o conflito afrouxam a rigidez deles.

Às vezes, porém, o simples tornar-se pai já é difícil. O longo tormento dos exames de fertilidade e das tentativas de tratamento solapa a expectativa de sucesso de casais como Barry e Eileen. Medir a temperatura diariamente para prever a ovulação, adiar a atividade sexual até o momento preciso, ficar imaginando se a potência irá se manter — toda essa rotina perturba o ato sexual de duas pessoas que se gostam. Depois, esperar pelo milagre a cada mês, acumular desapontamentos a cada novo período menstrual, provoca angústia e tensão. O homem tem de ser testado, examinado, ter o esperma colhido através de uma humilhante masturbação na clínica. Quando os espermatozóides são contados e têm a sua motilidade examinada, ele pode pensar que o que está em teste é sua masculinidade. O homem deve perguntar-se: "Eu estou bem?" Após meses de fracasso, a resposta parece clara: lógico que ele não está bem, a menos que... a culpa seja da esposa. A esperança inconsciente de que seja ela, e não ele, o estéril, leva-o a sentir-se culpado em relação à esposa. A maioria dos homens sente um forte desejo de *provar*, fora do casamento, que a culpa não é deles. O perigo de um caso extraconjugal torna-se uma fantasia constante, mesmo que não seja praticado.

O exame de esterilidade feminino tende a ser ainda mais intrusivo, humilhante e, às vezes, doloroso. Cada aspecto do sistema genital, dos ovários e de sua função é estudado em detalhe repetidas vezes. Os óvulos pelo menos são produzidos? São defeituosos? A mulher tem menstruações irregulares? É capaz de manter um óvulo fertilizado? As entrevistas envolvem questões íntimas: "Você gosta do ato sexual? Gosta de praticá-lo com seu marido? Já teve casos antes e contraiu infecções que arruinassem seu aparelho reprodutor? Tudo isso poderia ser psicossomático? Se relaxasse, se não fosse tão tensa, talvez conseguisse um bebê." Essas perguntas geram ansiedades sobre as quais a mulher fala e ansiedades sobre as quais ela não fala — ansiedades em que ela não consegue deixar de pensar. Quando um médico da clínica olha para ela, ela vê essas perguntas nos olhos dele. Quando uma nova enfermeira a examina ou lhe aplica algum exame, ela sabe que essas perguntas estão na mente da enfermeira, pois, afinal, estão na dela.

Quando casais estéreis têm de enfrentar suas famílias, antigas disputas podem renascer. Por exemplo: "Por que você se casou com um judeu? Um católico não lhe servia? Essa talvez seja a vontade de Deus." Ou: "Uma moça judia teria lhe dado todos os bebês que você quer. Não é certo casar-se com quem não é de sua religião. Isso rompe a pureza da nossa herança familiar." "Nós sempre nos preocupamos com seu casamento. Se este não funcionar, você talvez possa desistir dele e casar-se com uma boa moça católica, judia, protestante, chinesa, etc. Entenderíamos e ficaríamos muito felizes." Mesmo que as famílias não expressem tais pensamentos, casais estéreis tendem a sentir que eles estão presentes.

Cada novo bebê nascido de casais da mesma faixa etária ressalta o fracasso do casal estéril, para o qual constitui um martírio ficar perto de pais felizes com um novo bebê.

Para aceitar um fracasso tão grande quanto a incapacidade de se reproduzir, o adulto deve experimentar a dor. Não apenas a dor pela perda da criança imaginada e da oportunidade de se reproduzir, mas também a dor pelo dano à auto-imagem. Durante toda nossa vida, lutamos para sentirmo-nos capazes. Cada ameaça a nossos sentimentos de capacidade e auto-estima gera uma reação de alarme. Isso, por sua vez, produz energia extra destinada a combater a ameaça e reativa experiências similares anteriores. Regredimos e reorganizamo-nos para lidar com o desafio. Quando conseguimos, ficamos fortalecidos, acrescentando uma nova experiência positiva de aprendizado a nossos recursos. Se o sucesso é impossível, como no caso da esterilidade, sentimos dor por nosso fracasso.

A depressão e um senso de inaptidão acompanham a dor. A raiva muitas vezes vem em seguida: "Por que eu?" As defesas, já mencionadas, que todos nós usamos diante da perda são erguidas: (1) negação — "Não é verdade" ou "certamente não é minha culpa"; (2) projeção — "O problema é com ele (ela), não comigo''; e (3) distanciamento — porque importar-se é muito doloroso. Essas defesas são uma parte inevitável da experiência da esterilidade e devem ser reconhecidas para que não se tornem um modo de vida. Se forem discutidas abertamente e vistas como sentimentos inevitáveis mas temporários, elas oferecerão menor risco para o casamento em outros relacionamentos.

Depois de algum tempo, um ou ambos os membros de um casal estéril passarão da dor à perspectiva de adoção, ou pensarão em maneiras de construir uma vida criadora, produtiva, proveitosa, sem crianças. Qualquer que seja a solução escolhida pelo casal, porém, ainda é importante, tanto para o relacionamento mútuo quanto para o relacionamento com a criança que venham a adotar, perceber que esses sentimentos permanecerão. Cada nova pressão ou fracasso fará renascer a dor, e cada novo sucesso ou desafio bem resolvido irá mitigá-la. É provável que as ocasiões em que eles surgirão sejam as ocasiões normais de pressão, encontradas durante o desenvolvimento de uma criança. Qualquer coisa que dê aos pais uma sensação de fracasso, algo que todos os pais experimentam, suscitará maiores dúvidas em pais adotivos. Se puderem compreender e aceitar tais sentimentos como uma reação normal, esperada, os pais não terão de ficar à mercê deles à medida que enfrentam as vicissitudes da condição de ser pai. Quando uma criança adotiva se fixa num padrão de comportamento — por exemplo, em padrões normais como o negativismo aos dois anos, mentiras aos quatro, roubo aos cinco, ou a turbulência da adolescência — é possível que os pais adotivos preocupem-se excessivamente. Pode ser que eles culpem a criança por ter ''genes ruins'' ou a si mesmos por não se importarem o suficiente com ela. Tais preocupações podem ser destrutivas, constituindo todos os obstáculos normais que surgem diante de uma família adotiva. Pais adotivos preparados por meio da autocompreensão e do conhecimento dos estágios e percalços inevitáveis do desenvolvimento infantil podem parar de se perguntar: ''Será que eu teria sido um progenitor melhor para o bebê que eu poderia ter tido se ao menos...?''

PREOCUPAÇÕES COMUNS

Uma das maneiras úteis de fazer com que casais aprendam a lidar com a esterilidade é o ingresso num grupo de apoio com outros casais que estejam enfrentando a mesma dificuldade. Em tais grupos, os casais aprendem que todas suas reações são universais e normais. Nenhum especialista pode desenvolver modos de lidar com o problema tão bem quanto outros casais com o mesmo diagnóstico. Assim, ao invés de tentar responder a perguntas comuns, selecionei e transcrevi trechos gravados de sessões de um grupo de apoio de verdade de casais estéreis, que freqüentei. Os nomes e alguns detalhes foram modificados para assegurar o anonimato.

Dr. Brazelton Quantas mulheres acharam que a infertilidade era problema delas e não dos maridos?

Jane Eu me incluo entre as que acharam isso, pois fui eu que se submeteu a todos os exames. Embora tenha me dado bastante apoio, meu marido nada teve de fazer além de entrar para me ajudar, ou então para fazer uma inseminação. Sempre era eu quem tinha de fazer tudo. Eu me sentia zangada e irremediavelmente inapta às vezes. Cada mês era uma espera terrível. Eu dizia: "Talvez este mês", mas nunca engravidava.

Ned Conosco, foi o contrário. No princípio, o problema parecia ser comigo. E acho que Sally sentia-se culpada por eu ter de passar pelos exames e todos os outros aborrecimentos. Tive de me submeter a cirurgia duas vezes, e ela ficava dizendo: "Por que não fazem exames comigo?" Como meu número de espermatozóides foi considerado baixo, não houve necessidade de submetê-la a exames.

Sally Nosso primeiro médico achou que não havia motivo para eu fazer exames. Como a contagem de espermatozóides de meu marido era muito baixa, praticamente não havia chance de eu engravidar. Mas para mim Ned sempre fora uma pessoa que podia fazer qualquer coisa. Quando decidia que queria fazer algo, concentrava-se naquilo e o fazia. Mas a gravidez, tão importante para nós dois, ele não podia fazer. Isso me levou a vê-lo de um modo bem diferente, mais humano. Era terrível para ele, e eu me odiava por sentir piedade.

Emily Meu problema foi descoberto quando eu ainda estava na escola de enfermagem, e nós nos casamos sabendo que talvez não pudéssemos ter filhos. Isso não era tão importante na época, quando éramos tão jovens. Pensávamos a respeito, mas só nos demos conta do que isso realmente significava quando tentamos e descobrimos que estávamos com dificuldades. Quando começamos com os exames, havia alguns problemas menores com a contagem de espermatozóides de meu marido. Não eram sérios, mas, ainda assim, ele passou por muitos exames. Eu me sentia culpada porque o problema era minha endometriose — ele não precisava passar por tudo aquilo. Fiz tratamento médico, me submeti a cirurgia, e sei que ainda há mais pela frente. Meu marido aceita isso bem, mas tenho medo de ele ir embora e casar-se com outra.

Sally O que esse problema causa à relação sexual de um casal é algo com que, tenho certeza, todos nós tivemos de lidar. Sei que para nós manter relações sexuais significa tentar conseguir um bebê. Se não vamos arrumar um bebê, então por que manter relações sexuais? E recuperar esse desejo, ter um relacionamento sexual que não tenha ligação com fazer um bebê, acho que ainda é algo bastante difícil.

Ned Eu me sinto pressionado, como se tivesse de fazer o bebê a qualquer custo. Ora, nem sempre é fácil. Fazer um bebê nessas condições é como caçar uma borboleta — quanto mais você a persegue, mais ela se esquiva. Às vezes acho que, se pudéssemos sentar e relaxar, a borboleta viria até nos. É assim que penso na gravidez.

Dr. Brazelton Como se fosse uma mágica.

Ned Sim. Eu acredito nisso. De verdade.

Jane Em certo sentido, tivemos mais sorte. Depois de passarmos por uma longa bateria de exames, descobrimos que meu ovário não funcionava. Portanto, assim que soubemos que não havia modo algum de eu ter um bebê, ficou mais fácil tomar a decisão — ou adotamos ou ficamos sem filhos.

Mary Esse foi nosso diagnóstico inicial também. Achei que, se não íamos ter filhos, eu não queria estar casada.

Dr. Brazelton Você realmente sentiu vontade de se separar?

Mary Sim, mas meu marido não deixou, e então tivemos um filho. Eis por que é tão importante continuar a tentar, consultar médicos, apesar de querermos desistir.

John Acho importante estabelecer um limite, porque caso contrário nunca há um fim. Você continua a tentar, tentar e a fazer mais cirurgias. O sofrimento, a agonia por que passamos, a preocupação... Você tem de estabelecer um limite. Mas, por outro lado, Emily está disposta a sofrer a dor e a agonia necessárias para ter um filho. É muito importante para ela. É importante para mim também, mas não a ponto de pôr em risco a vida de minha esposa. Às vezes isso chega a um ponto em que fico preocupado.

Emily Eu não vejo a situação assim. Penso que vou me sair bem. Simplesmente me sinto impelida. As pessoas me perguntam sobre esse ímpeto e, conforme vi nas conversas que tive com outros casais estéreis, é um ímpeto espantoso. Pergunto-me o que nos faz perseverar, mas acho que as pessoas são muito fortes.

George Adotamos um filho. Para mim, o importante é ter uma criança e ser pai.

Ned Não sei ao certo se já cheguei a esse ponto, embora ainda possa me lembrar daquele verso de Shakespeare, "Morre solteiro e a tua imagem morre contigo." Não acho que isso seja egoísmo, mas faz parte mais da psique masculina que da feminina — querer perpetuar seu nome e produzir algo que você possa legar. Algo tangível. E não estou falando em construir um edifício ou algo parecido, mas algo que *viverá* depois que você morrer — seu próprio filho.

Alice Quando fizemos a adoção, eu me senti como se tivesse perdido algo por não ter engravidado. Eu não trouxe essa criança ao mundo.

Michael Para nós, decidir pela adoção foi estabelecer o limite. Dissemos para nós: "Bem, estamos quase desistindo de ter nosso próprio bebê no futuro próximo; portanto, vamos dar início ao processo de arrumar um bebê por adoção." Foi uma decisão bem difícil. Nós a adiamos por dois anos.

Jane Acho que há muito tempo perdi o bebê com que sonhava — assim, não faço comparações com nosso bebê adotado. Simplesmente o aceitei pelo pequeno ser que ele é — e ele é maravilhoso.

Adoção

VISITA AO CONSULTÓRIO

Jenny Beder, deitada no colo de Eileen, é um lindo bebê coreano, com feições de boneca. Mas não se parece com Eileen e Barry, e eles mal conseguem acreditar que ela lhes pertence.

Eileen Jenny tinha três meses quando a recebemos, e não sabemos como foi a vida dela até então. Quando ela chorou pela primeira vez depois de chegar, eu não sabia o que ela queria. Eu me senti tão mal, porque achava que ela estava pedindo algo que fizera parte de sua rotina, e eu não sabia qual fora essa rotina. Ela já vivera toda uma vida antes de eu adotá-la.

Dr. Brazelton Você se sentia como — "Se ao menos eu tivesse passado junto dela esse tempo todo."

Eileen Isso mesmo.

Mesmo depois de um mês, eles consideravam Jenny uma estranha e não sabiam se ela estava realmente bem.

Eileen Quando dormia, ela ficava com as pernas e os braços encolhidos, e quando eu ia ver como ela

	estava, três horas depois, ela continuava na mesma posição. Nem ao menos virara a cabeça.
Dr. Brazelton	Como numa posição fetal.
Barry	Na primeira semana, ela praticamente não chorou. Seu primeiro choro foi algo como um gemido.
Eileen	Um choro educado.
Dr. Brazelton	Como se não esperasse nenhuma resposta.
Eileen	Acho que sim.

Ficamos imaginando de que ambiente ela viera — se havia alguém que a tratasse com carinho. Em resposta a essas preocupações — tão comuns em adoções —, decidi fazer alguns exames de desenvolvimento. Segurei-lhe os braços estendidos, puxando-a para que se sentasse. Ao invés disso, ela se colocou imediatamente de pé, sorrindo e olhando ao redor.

Eileen	Desde o dia em que chegou, ela quer ficar de pé.
Barry	Não é lindo o modo como ela fica de pé? Estende perfeitamente os braços, como se estivesse voando.
Dr. Brazelton	Agora vamos ver como você engatinha.

Para a maioria dos bebês, o quarto mês é um estágio de transição — de reflexos automáticos para ações mais voluntárias. Jenny está sendo mais ativamente motivada para chegar aonde está indo. Já não engatinha automaticamente; esforça-se com vistas a um objetivo. Agora muitos de seus reflexos inatos, como os de andar e rastejar, desapareceram. Tais reflexos são automáticos e têm origem numa parte inferior do cérebro. Aos quatro meses, eles estão sendo substituídos por movimentos deliberados: engatinhar, estender o braço, empurrar. O comportamento de uma criança de quatro meses é uma mistura de ações automáticas e deliberadas.

Dr. Brazelton Veja como consigo fazê-la estender o braço apenas tocando-lhe a mão. Quando faço isso, eu a estimulo a tentar alcançar o brinquedo que estou segurando.

Barry Quero ter certeza de que não estou perdendo nada de importante.

Dr. Brazelton O quê, por exemplo?

Barry Algo sobre o qual não sabemos nada e que ocorre entre um pai biológico e seu filho. Como posso saber?

A pergunta me revelou algo. Achei que sabia o que estava por trás daquilo. Uma criança sensível como Jenny, em seu novo ambiente, podia estar se fechando para eles quando eles se mostravam muito ansiosos. Eu a estimulei em excesso propositadamente. Jenny então nos mostrou como lidava com a sobrecarga. Ela fechava os olhos, desviava o rosto. Deixava o corpo lasso. Não consegui mais reações dela.

Dr. Brazelton Ela não quer mais nada comigo. Ela se desliga de vocês assim?

Eileen Sim. Houve um período em que ela me encarava bem nos olhos com uma expressão vazia, e depois se virava e voltava a fazer gu-gu ou qualquer outra coisa. Isso me partia o coração. Eu pensava, "Oh, meu Deus. Ela não gosta de mim."

Dr. Brazelton Com esse tipo de olhar, um bebê pode fazer a mãe sentir-se inapta. (*A verdadeira preocupação de Eileen*)

Eileen A sensação que tive foi a de que ela queria voltar para sua mãe natural. Ela percebeu que eu passaria a tomar conta dela, e achei que ela estivesse me mostrando que eu não era grande coisa. (*Eileen e Barry tinham dúvidas se a filha adotiva algum dia seria realmente deles*)

Dr. Brazelton Então você sentiu-se rejeitada. Não apenas inapta, mas *rejeitada*. (*Ambos olharam para mim, querendo que eu os tranqüilizasse, o que só Jenny poderia fazer*) Vamos tentar uma experiência. Afastem-se, vocês dois. Ótimo. Agora, quero primeiro que Eileen entre e comece a falar com ela.

Eileen (*Suavemente*) Jenny. Jenny.

Dr. Brazelton Ela ainda está olhando para a distância, mas vejam os braços e as mãos. Veja como passaram a se mexer com mais suavidade. Veja como as mãos se mexem quando ela escuta sua voz. Agora veja como ela se volta para olhar seu rosto, como a expressão dela fica mais branda. Agora ela voltou a olhar para a distância.

Eileen Quando me vê, ela parece quase que deliciada.

Dr. Brazelton Diga algo sem se aproximar, Barry.

Barry (*Suavemente*) Oi. Oi.

Dr. Brazelton Veja como Jenny levanta os ombros, como fica meio atordoada quando o ouve; há uma linguagem inteiramente diferente entre vocês dois.

Jenny erguia os ombros, as sobrancelhas, como se conhecesse a voz de Barry e antecipasse a chegada dele para brincar com ela.

Dr. Brazelton Para Jenny, este é um mundo avassaladoramente novo e muito assustador. Quando ela chegou, vocês quiseram se aproximar dela com tanta rapidez que talvez a tenham pressionado demais, fazendo-a retraír-se. No entanto, apego é uma questão de ajustamento. Vocês são sensíveis a ela, e ela está obviamente recebendo e absorvendo, a sua maneira, muitas coisas de vocês. Ela agora tem uma linguagem toda própria, e essa linguagem é a linguagem do apego. Olhem para ela, segurando o dedo da mãe e brincando com ele. Não é um bebê que está sendo negligenciado. Se ela o foi algum dia, está certamente se recuperando. Todos esses sinais de apego que ela exibe tornam-se muito importantes, porque eles dizem...

Eileen ... que as coisas estão caminhando bem para ela. Isso significa que elas serão ótimas para nós.

OS PROBLEMAS

A adoção é um trabalho para a vida inteira — infinitamente recompensador, mas às vezes difícil. Não apenas a decisão de adotar é da maior importância, como também o ajustamento ao papel pode ser difícil. Ajustar-se a um bebê é difícil para qualquer pai, mas, para pais adotivos, há um grau extra de ajuste a ser feito, porque eles geralmente ansiaram por ser pais durante muito tempo. Quanto mais os pais se preocupam em ser os melhores pais possíveis para seu bebê, mais têm de se preocupar.

Na gravidez, o desenvolvimento do feto favorece o início do ajustamento. À medida que os futuros pais se preparam com seus desejos, sonhos, angústias, o feto começa a se mexer. O movimento e o estilo do bebê *in utero* ajudam os pais a experimentar a realidade do bebê que está para chegar. Antes de uma adoção, os pais também sonham e criam desejos e temores em relação ao modo como será o bebê. Temem que ele não seja normal, que não seja como eles. Hoje, com nosso conhecimento cada vez maior sobre as conseqüências de experiências intra-uterinas — como desnutrição, drogas, fumo, cafeína, infecções —, é inevitável que os pais se preocupem com aquilo a que o bebê foi exposto antes de ser adotado. Como meu bebê foi criado durante os primeiros nove meses? Se a criança adotada for de outro país, o desconhecido parece ainda maior. A influência de fatores genéticos, em contraposição aos ambientais, que os pais podem começar a controlar, é uma questão que na adoção adquire maior importância. Que tipo de mulher renunciaria a seu bebê? Como era o pai? Há alguma doença hereditária na família? Os pais eram inteligentes? Não importa o montante de informação disponível na agência ou proveniente de fontes privadas, as preocupações com o fator genético e o ambiente intra-uterino serão fortes.

Para pais adotivos, todo esse questionamento quanto à origem pode servir para despertar o tipo de angústia e auto-questionamento que ocorrem durante uma gravidez normal. Se os pais puderem utilizar essa energia da angústia para tentar compreender o novo bebê adotivo e se relacionarem com ele como um indivíduo, ela pode fortalecer o processo de formação de vínculos. Idealmente, os pais deverão observar as reações e o comportamento do bebê com um profissional competente, que possa identificar e interpretar o temperamento do bebê, suas reações a estímulos, o uso individual que faz do sono e da vigília para controlar seu meio externo. Compartilhar dessas observações dá ao médico ou à enfermeira uma chance de levar os novos pais a compreenderem o bebê como pessoa. Julguei que, se brincasse com Jenny, minha ajuda a Eileen e Barry seria maior. Eu queria que eles *percebessem* a individualidade de Jenny e não que me ouvissem falar a respeito dela. Eu sabia que se pudessem compreender o jeito e o temperamento dela, isso lhes proporcionaria um senso de capacidade no trato com ela. Se o comportamento dela permanecesse estranho ou apático, isso poderia tornar-se um obstáculo para que eles se aproximassem dela e a acalentassem. Todas as perguntas que eles me fizeram eram não apenas específicas como também refletiam a profunda ansiedade quanto ao passado de Jenny.

Durante esse período, os pais adotivos também renunciam ao sonhado bebê que poderiam ter tido juntos. Ambos sonharam com um bebê que se pareceria com um deles. Tais sonhos nunca desaparecerão totalmente. Mas eles têm de renunciar, tanto quanto possível, ao bebê imaginário, para poderem dedicar-se ao bebê real. Do contrário, sempre compararão o bebê adotado com aquele que poderiam ter tido. Por exemplo, sempre que Jenny fizer algo que lembre Eileen, Barry pode se refrear antes de exclamar: ''Ela é igualzinha a você!'' Ou, se Jenny começar a imitar as risadas do pai, Eileen pode hesitar antes de dizer: ''Ela está aprendendo a imitar sua risada!'' A identificação, bem real, do bebê com os pais adotivos fará com que perguntem: ''Poderá ela algum dia ser igual a meu marido — ou a mim? Até que ponto ela é nossa?'' Essas atribuições instintivas, que integram o aprendizado a respeito das características do bebê, são uma parte simples da experiência dos pais naturais, mas as quais os pais adotivos constantemente questionam e sopesam. Se eles puderem gradualmente deixar de lado as comparações e apreciar o modo como o bebê imita as maneiras deles, as recompensas da condição de pai podem ser maiores, sem trazerem arrependimentos.

PERGUNTAS COMUNS

Pergunta Qual é a melhor época para começar a conversar com uma criança sobre a adoção?

Dr. Brazelton Deve-se falar sempre sobre isso. Nunca há uma época melhor. Aos três ou quatro anos, a criança terá perguntas específicas, e você deve estar preparada para respondê-las. "De onde eu vim? Por que meus pais não me quiseram? Eles eram ruins? Algum dia vou conhecer meus pais? Vocês são meus pais de verdade?" Tais questões são inevitáveis; portanto, é prudente preparar-se para elas. Se você não souber muita coisa a respeito dos pais verdadeiros, conte à criança o que sabe. Responda cada pergunta com o máximo de franqueza e objetividade. As perguntas de uma criança adotiva devem ser tratadas com respeito. Se ela lhe perguntar porque uma mãe renuncia ao filho, não tenha receio de responder: "Para lhe dar um futuro melhor do que o que ela podia oferecer" ou, se for o caso: "Ela não era casada e não podia dar a família que queria para você".

Pergunta E se minha filha perguntar se a mãe natural ainda a ama?

Dr. Brazelton Você poderia responder: "Como alguém conseguiria deixar de amá-la? Se ela a conhecesse, ela a amaria. Eu a quis porque vi o quanto você era maravilhosa. Eu quis ser sua família, e eu sou. Sou parte de sua família, e você é parte da minha. Nunca vou abandoná-la, nem você vai me abandonar. Se você algum dia quiser encontrar a sua mãe natural, vou ajudá-la. Mas ainda assim você será parte da minha família." Uma criança precisa saber que é valorizada e que merece sê-lo, já que a ameaça do abandono sempre se afigura maior para as crianças adotadas. A criança precisa saber também que é, e sempre será, parte de uma família de verdade. Uma criança adotada pode pensar que, se sua mãe natural mandou-a embora, a mãe adotiva também poderá fazê-lo — sobretudo se ela, a criança, comportar-se mal. Muitas crianças adotadas suprimem quaisquer sentimentos negativos ou condutas negativas por medo de serem rejeitadas outra vez.

Pergunta Meu filho foi adotado por intermédio de uma agência em Bogotá, na Colômbia, e eles não forneceram nenhum histórico. Meu filho vai querer saber por que foi "abandonado". Uns sugeriram que eu inventasse uma história, outros, que contasse a verdade, ou seja, que nada sabemos. Qual é sua opinião?

Dr. Brazelton A palavra "abandonado" realmente tem implicações assustadoras. Sugiro que lhe diga que a mãe talvez nunca "o tivesse deixado partir" se não fosse tão pobre e tão preocupada por não poder alimentá-lo ou cuidar dele bem. Ela devia ter um grande amor por ele e queria que ele tivesse uma vida melhor. Como você sabe de onde ele veio, você também pode aprender algo sobre a antiga cultura dele e mostrar-lhe os pontos fortes dessa cultura. Quando for mais velho, ele poderá informar-se mais por sua própria conta. Uma criança com uma percepção forte de sua herança cultural terá orgulho dela.

Pergunta Faltavam duas semanas para recebermos nossa filha quando nos disseram que já podíamos ir buscá-la. Saímos correndo para comprar tudo — roupas, berço, etc. Mas então, não sei por quê, tive uma forte sensação de tristeza. Foi quase como um ataque de angústia. Fiquei me perguntando por que me sentia daquela maneira quando deveria estar tão entusiasmada.

Dr. Brazelton A angústia e a depressão que acompanham um passo importante como a adoção são o outro lado da moeda. A alegria muitas vezes predomina, mas a angústia também é normal. Durante esse período, você ainda está se empenhando em desistir da fantasia de um bebê natural. Assim, a angústia e até mesmo a depressão fazem parte do ajustamento. Caso seja possível reconhecer esses sentimentos, como você está fazendo, o ajustamento será mais completo. Essa ambivalência é parte de uma reação de "alarme", que libera adrenalina e causa outras reações corporais para que seja enfrentado o ajustamento principal. Eu ficaria preocupado se uma mãe adotiva fosse totalmente otimista quanto à adoção. Isso significaria que ela estaria sentindo apenas um lado do ajustamento. Nesse caso, a depressão e os sentimentos negativos provavelmente se manifestariam mais tarde.

Pergunta Nosso filho já tem dois anos. Nós o adotamos há duas semanas, mas ele continua terrivelmente quieto e triste. Como podemos ajudá-lo a sentir-se em casa?

Dr. Brazelton Um garoto de dois anos tende a tornar-se negativo quando fica suficientemente seguro de si;

portanto, negativismo e acessos de raiva serão um bom sinal de recuperação. A princípio, é provável que ele se mostre retraído e deprimido. Se ele teve um abrigo provisório bom e acalentador, provavelmente vai entristecer-se com o reajustamento e permanecer triste por mais ou menos um mês, antes de permitir que você se aproxime. A dor que ele sente provavelmente não assumirá a forma de choro e resistência aberta; será mais um retraimento passivo. Você deve se sentir aliviada quando ele lhe permitir ver outros lados dele. Se teve um lar provisório ruim, ele será desorganizado, retraído e de relacionamento difícil. Ele pode se mostrar indisciplinado e inacessível no início. Pode resistir quando alguém for abraçá-lo ou acariciá-lo, pois tiraram-lhe isso uma vez, o que é doloroso demais. Você deve ser paciente e persistente, mas sensível ao medo que ele tem de confiar no amor que você quer lhe dar. Quanto mais ele desejar seu amor, maior será a necessidade de resistir a ele. Conquistar o garoto pode levar um bom tempo. Prevejo um período de seis meses antes de vocês sentirem-se seguros um com o outro. Não tome isso pessoalmente.

Pergunta Temos uma filha de três anos e acabamos de adotar um menino de cinco anos. Ela parece bastante hostil a ele.

Dr. Brazelton Não se surpreenda nem se deixe perturbar com o ressentimento dela. Tente fazer com que ela tome parte no ajustamento do recém-chegado. Quando finalmente aprender a compartilhar você, a casa e os brinquedos com o irmão adotado, ela terá aprendido uma importante lição para o futuro. Mas ela não tem de gostar disso. Ajude-a a compreender os próprios sentimentos negativos e faça-a perceber que você pode aceitá-los. Mas nunca lhe permita pensar que ela pode livrar-se do irmão só porque quer que isso aconteça. Isso a amedrontaria de verdade. À medida que conquistar a ajuda dela, ajude-a a compreender a situação de seu filho. Quando ela estiver conseguindo estabelecer um bom relacionamento com o novo irmão, faça-a perceber isso e encoraje-a a crer que os dois terão bons momentos no futuro. Deixe que eles solucionem a rivalidade sozinhos. Eles conseguirão ser bons amigos, e isso acontecerá mais rápido se você ficar fora do relacionamento. À medida que se sentir mais seguro, ele ficará levado. Sua reação provavelmente será: ''Foi isso o que ele aprendeu no antigo lar. Não quero que minha filha tenha contato com tal coisa.'' Mas tal coisa não irá machucá-la. Ela pode até imitá-lo, mas não adotará o comportamento dele em caráter permanente. Imitando-o, ela estará se aproximando dele, aprendendo mais sobre ele. Ao expressar seus sentimentos negativos, ele se tornará mais seguro. Portanto, seu trabalho é permitir que tudo isso aconteça.

Pergunta Temos uma filha adotiva e um filho nosso que nasceu antes. Experimentei em relação a ele sentimentos que não tive com ela. Isso continuará?

Dr. Brazelton O trabalho de organizar seus sentimentos em relação ao próprio filho e um filho adotivo pode se tornar cada vez mais difícil. Seu filho pode dizer: "Você não me ama. Arrumou outra." Ou então: "Você gosta mais dele do que de mim porque eu fui adotada." Mesmo quando a rivalidade não for declarada, você sentirá a pressão de tentar igualar suas reações e seus sentimentos. Você provavelmente chegará ao extremo na tentativa de tratá-los igualmente. Você não conseguirá. É inevitável que você tenha sentimentos diferentes em relação a cada filho. É um mito ou então uma confusão de desejos com realidade imaginar que se pode sentir exatamente a mesma coisa por cada filho. Se tentar fazer isso, você inibirá suas relações com eles. Cada um deles significa algo diferente para você e precisa de um lado diferente de você. Reconheça os sentimentos diferentes. Seja franca com ambas as crianças quanto ao que você respeita e aprecia em cada uma delas, e assinale que cada uma delas precisa de uma série de limites e preocupações diferentes de sua parte. Elas terão de aprender a conviver com tratamentos diferentes porque são pessoas bem diferentes — não porque um é seu e o outro não. Se cada um deles sentir-se especial e dispuser de momentos de atenção plena, a sós com você, tudo se equilibrará.

Pergunta O que fazer quando minha filha quiser conhecer seus pais biológicos?

Dr. Brazelton Você se sentirá abandonada e com ciúmes. Você achará que não conseguiu fazer com que ela a amasse o suficiente, pois, do contrário, ela não necessitaria dos outros pais. Esses sentimentos possessivos são inteiramente naturais. Competir e sentir-se ameaçada pelos pais naturais é inevitável. Mas você também pode ver a questão pelo lado dela. Ela quer saber tanto quanto possível a seu próprio respeito, o que inclui conhecê-los. Eu me uniria a ela na busca e na tentativa de encontrá-los. Desse modo, você poderá ajudá-la a enfrentar tudo o que ela vier a descobrir. Não se preocupe. Ela dará o maior valor a sua família "real". Isso é um teste para ela e para suas raízes — um teste que cada um de nós precisa fazer para sentir-se uma pessoa integral.

Como será meu filho

VISITA AO CONSULTÓRIO

Na vez seguinte que levaram Jenny a meu consultório, Barry e Eileen perguntaram se eu podia dizer como ela seria quando crescesse, no aspecto físico e na personalidade. Essa curiosidade demonstra o apego que eles têm por Jenny.

Eileen Estamos um pouco preocupados com a rapidez com que ela ganha peso — preocupados não tanto com o presente, mas com o que isso pode significar em termos de...

Barry ... futuro. Ela vai ser gorda?

Dr. Brazelton Algumas pesquisas demonstram que o número de células gordas estabelecidas nessa idade indica quantas haverá mais tarde. Mas quem sabe quantas ela tem ou de quantas precisa?

Eileen Aos três meses Jenny já ficava de pé quando lhe segurávamos as mãos. Isso significa que ela vai começar a andar cedo?

Dr. Brazelton Não necessariamente.

Todos os pais querem uma bola de cristal, especialmente quando o filho é de outra raça. Eileen e Barry sempre terão essa atitude diante de praticamente todos os comportamentos de Jenny.

Barry — Não temos idéia alguma de onde ela veio. Não conhecemos o histórico de sua família. Geneticamente, não sabemos como ela é.

Eileen — O que o senhor pode dizer a respeito da personalidade dela?

Dr. Brazelton — Não acho que já possamos dizer como será a personalidade, já que ela está apenas começando a se desenvolver a partir de suas experiências de recém-nascida.

Barry — Não podemos saber nada a respeito? Por exemplo, notei que ela adora ficar olhando em volta — sua percepção visual é bastante forte. Isso não nos diz nada a respeito de como ela será quando crescer?

Dr. Brazelton — Bem, pode ser. Os bebês asiáticos — observei e brinquei com recém-nascidos no Japão e na China — têm, certamente, um período de atenção e um investimento em estímulos visuais e auditivos duas vezes maiores que os bebês caucasianos. Eles também exibem um comportamento motor mais tranqüilo, como o dela, muito mais sereno, movimentos quase que de dança, quando são recém-nascidos. Portanto, talvez haja aí um pequeno fator genético.

Eileen — Uma predisposição.

Dr. Brazelton Exato. E, nesse sentido, isso talvez prenuncie até certo ponto que tipo de pessoa ela será. O que vejo o tempo todo é como os estados de consciência dela são serenos. Ela permanece desperta por bastante tempo. Há uma coisa que eu gostaria de tentar com ela... vejam seus olhos. (*Bato palmas várias vezes*) Viram? Todas as vezes que bato palmas, ela pisca. Ela é extremamente sensível e ainda não consegue isolar muito bem estímulos sonoros altos. Ainda está à mercê deles. Vocês terão de respeitar isso e tentar proporcionar-lhe um ambiente razoavelmente silencioso em seus períodos de sono e de brincadeiras. Depois que parei de bater palmas, vejam o que aconteceu. Ela ficou nervosa. Mas você corre para ela, e não conseguimos ver como ela é quando fica nervosa. Mas acho que não posso impedir você de fazer isso.

Eileen Instinto materno. (*Sorri*)

Barry Ela chegou primeiro. Eu também ia pegar Jenny.

Barry e Eileen eram muito sensíveis, receptivos e ávidos por informações.

Eileen Ainda tenho dificuldade em deixar de reagir quando ela fica nervosa.

Dr. Brazelton Isso é porque vocês ainda estão aprendendo a se conhecer. Sempre que ela demonstra alguma coisa, você fica ansiosa para saber o que é, ansiosa para compreendê-la.

Eileen Nos primeiros dias, era difícil não pegá-la no colo. Eu mal podia esperar para que ela acordasse e eu pudesse pegá-la.

Barry Fico o tempo todo tentando coisas novas para ver o que ela vai fazer. Nós inventamos um jogo em que a erguemos, e quando nós a erguemos, ela começa a rir e depois a dizer "ai, ai". E depois, quando acha que já é demais, ela começa a chorar.

Eileen Aquela risadinha é nova também — começou esta semana.

Dr. Brazelton Ela surge com coisas novas todos os dias, não?

Eileen É realmente entusiasmador.

Barry Às vezes, quando está sentada com um grupo de pessoas, ela encara pessoa por pessoa, sempre sorrindo. Isso significa que ela vai ser sociável? Isso diz algo a respeito dela?

Dr. Brazelton Eu diria que, a julgar por vocês, sim. Vocês também são sociáveis.

Eileen Muitos bebês têm de ser mantidos afastados das pessoas, não têm? Mas Jenny não — ela se mostra tão à vontade com todos. O que queremos saber é se ela continuará sempre assim. (*Há algo por trás dessas palavras*)

Dr. Brazelton Acho que não sei exatamente o que você está perguntando. Se ela vai continuar a ser sociável? É isso que você quer saber?

Eileen Bem, quando ando na rua com ela, não conseguimos avançar meio quarteirão sem que nos parem. Somos tão diferentes. Acho que as pessoas sempre chamarão atenção para isso, e fico imaginando como ela vai reagir. Quero que ela se sinta à vontade quando lhe fizerem perguntas, pois acho que vão lhe fazer, assim como fazem a mim agora. Procuro me sentir à vontade quando respondo: "Sim, ela é coreana."

Dr. Brazelton Eles olham para ela, olham para você e depois ficam procurando o pai asiático.

Eileen Exato. E depois ficam como que esperando uma explicação, e eu gostaria que ela tivesse um traquejo social...

Dr. Brazelton ... para lidar com a situação polidamente?

Eileen Não é bem polidamente. Mas com tranqüilidade. Quero que ela se sinta bem a esse respeito.

Dr. Brazelton Então você está falando de auto-imagem, não de traquejo social.

Eileen e Barry já estão bastante apegados a Jenny. A verdadeira preocupação deles é saber não tanto como ela será mas se será realmente deles.

Dr. Brazelton O que voçês estão dizendo é que gostariam que ela fosse sua e que se sentisse bem a respeito disso. Boa parte do que ela será dependerá de vocês, certamente. E o que ela pensará a respeito de si mesma certamente virá de vocês. Isso é o mais importante que vocês podem lhe oferecer.

Eileen O que o senhor acha dela em termos de personalidade e temperamento?

Dr. Brazelton Se acho que ela é normal?

Barry Sim.

Eileen O senhor a acha *maravilhosa*?

Dr. Brazelton Acho que ela é incrível. É não apenas adorável, mas também forte. É bastante sensível, mas pode se arranjar sozinha, o que é um sinal de estabilidade interior. Além disso, ela já dá mostras de uma luz interior. Quando tem uma chance de estabelecer contato e vocês reagem com uma resposta à altura do que ela deseja, ela se ilumina.

Os problemas

Certamente é impossível prever como será um bebezinho no futuro. Tudo o que podemos realmente fazer é ver como o bebê se ajusta a sua situação presente. O modo ou temperamento com que ele lida com o ambiente é nossa melhor pista para sua futura personalidade, para seu futuro. Além disso, cada vez que a criança inicia um novo estágio de desenvolvimento, o modo como ela enfrenta cada novo desafio — andar, falar, conquistar autonomia — irá proporcionar-lhe uma história interior, um conjunto de experiências que moldará a maneira como ela abordará o mundo posteriormente.

Os pais tentam com afinco prever o futuro do bebê e agarram-se ao mais ligeiro indício de diferença individual em seu esforço de entender o bebê como pessoa. Qualquer mudança de comportamento, por menor que seja, assume enormes proporções para os pais. Eles personificam cada traço ("igualzinho à vovó") em sua tentativa de adequar o bebê ao mundo que conhecem. O ímpeto de ver o bebê como mais maduro do que ele realmente é ("ela já está dizendo 'papai'") faz parte do mesmo esforço. Pensando ser capazes de prever o futuro do bebê, os pais sentem-se menos ansiosos quanto a esse futuro. Todos os pais se preocupam inconscientemente com a possibilidade de perder o bebê. Quanto mais se apegam, mais se preocupam.

Para pais adotivos como Barry e Eileen, esse afã de conhecer a criança e a ansiedade que o acompanha são acentuados. Todos os pais têm uma necessidade profundamente arraigada de tentar compreender um novo bebê, de se tornarem importantes para ele, de moldar seu futuro; mas nos pais adotivos, esses impulsos são ainda mais arrebatadores. O desejo de prever o futuro de uma criança é alimentado por todas as incógnitas de seu passado, que incluem as experiências intra-uterinas e o que aconteceu durante sua estada num lar provisório.

Numa adoção inter-racial, os pais logo começam a se perguntar sobre diferenças genéticas. Em minhas pesquisas com recém-nascidos de quatro continentes, observei e demonstrei diferenças bastante sutis no comportamento, na atividade motora e nas reações a estímulos em bebês negros, asiáticos e caucasianos. Nesses estudos, empreguei o teste que desenvolvi, a Escala Brazelton de Avaliação do Comportamento do Recém-Nascido. Essa escala consiste numa avaliação de vinte minutos das reações de um recém-nascido à voz, rosto, chocalho, campainha, bola vermelha, manuseio, carícia, ao ato de ser acalmado durante o choro, além dos reflexos básicos e da atividade motora. Há uma poderosa universalidade no recém-nascido humano. Mas há diferenças no estilo, na qualidade do estado de alerta, no comportamento motor, nas reações ao manuseio e à brincadeira. São diferenças individuais às quais os pais reagirão, e que provavelmente moldarão as imagens que os pais têm de seus bebês. Bebês negros no Oeste do Quênia exibem uma atividade motora vigorosa, a qual, por sua vez, parece evocar um manuseio vigoroso da parte dos pais. Embora fossem tão alertas a sinais visuais e auditivos quanto bebês de outras culturas, a atividade motora parecia ser o veículo de interação mais recompensador para bebê e progenitor. Todos brincam ativamente com bebês no Quênia; quando ficam nervosos, eles são embalados vigorosamente para que se acalmem. Assim, o estilo inato dos bebês parece ajudar a estabelecer o andamento da reação dos pais a eles. Os bebês brancos dos Estados Unidos não são tão vigorosos.

Os recém-nascidos no Japão e na China são qualitativamente diferentes. Por exemplo, na mesa de parto, após um parto normal, sem emprego de medicamentos, um recém-nascido de uma cultura camponesa (fiz essas observações nas ilhas Goto, na costa oeste do Japão) ficou calmamente deitado ao lado da mãe. Seus braços e pernas faziam movimentos circulares calmos e os dedos se mexiam delicadamente. Esses movimentos eram suaves, sem sobressaltos. Deitado, ele olhava ao redor e escutava. Caso lhe fosse oferecido um estímulo visual ou auditivo de baixa intensidade, tal como um chocalho suave ou uma voz calma, ele voltava o rosto delicadamente à procura do som. Seguia meu rosto para a frente e para trás, para cima e para baixo, por períodos tão longos quanto vinte ou trinta minutos, ficando mais e mais alerta enquanto me seguia. Nesses bebês, as interações visuais e auditivas pareciam as mais importantes. Quando observamos as práticas de criação de filhos nas casas desses recém-nascidos, notamos que os adultos ofereciam um manuseio delicado, vozes suaves e rostos serenos. Parecia que respeitavam essa necessidade que os bebês tinham de interações de baixa intensidade. Ao modo calmo como eles acalentavam juntava-se a amamentação freqüente para acalmar os recém-nascidos que choravam.

Enquanto estudava diferenças qualitativas de uma cultura para outra, percebi influências genéticas e ambientais em funcionamento. A predisposição genética para certos tipos de respostas motoras e para um determinado limiar de aceitação e utilização de estímulos sensórios já foi moldada durante a gravidez pelos movimentos da mãe, por seu meio externo e pela qualidade de suas reações a esse meio. Nos povoados calmos e primitivos dos pescadores das ilhas Goto, as mulheres grávidas são protegidas de estímulos excessivos. Em Tóquio, onde o ritmo de vida e o nível de estímulos são similares aos das cidades americanas, já há uma leve mas definida diferença no comportamento dos bebês. Eles ainda são mais calmos e suaves nos movimentos que os bebês americanos ou negros. Seus períodos de atenção são significativamente mais longos que os de bebês caucasianos nos Estados Unidos. Mas os bebês de Tóquio estão mais próximos dos bebês americanos na qualidade de suas reações que os bebês das ilhas Goto. Os bebês americanos brancos mexem-se de maneira brusca e distraem-se facilmente. Eles são mais ativos, com movimentos entremeados de sobressaltos e reflexos bruscos.

Quando ofereço a bebês brancos dos Estados Unidos um estímulo auditivo ou visual, como um rosto falando ou um chocalho suave, eles o seguem com a cabeça para a frente e para trás, para cima e para baixo, mas apenas por dois ou três minutos. Quando tentam continuar por mais tempo, uma reação reflexa do corpo inteiro rompe o ciclo de atenção. Eles têm de ser acalmados para recomeçar. Os bebês caucasianos asiáticos e africanos parecem ter o mesmo conjunto de reações sensórias e motoras, mas cada um deles parece ser *qualitativamente* diferente. Essas diferenças individuais, por sua vez, influenciam as reações dos pais.

Enquanto mexia com Jenny, percebi seu estilo especial, suas reações suaves, de baixa intensidade. Quando eu a segurava, ela ficava calma. Notei que conseguia sobrecarregá-la com facilidade usando um tom de voz muito alto ou encarando-a de modo intrusivo. Ela olhava para além de mim ou então virava o rosto para me isolar. Se eu a manipulava de maneira abrupta ou tentava brincar com ela de modo agitado, ela endurecia e arqueava o corpo e depois deixava-o flácido e inerte. A menos que respeitasse seu limiar de manuseio e interação, eu não despertava nenhuma reação nela. Seus olhos começavam a se fechar, o rosto tornava-se imóvel — eu sabia que perdera o contato com ela. Enquanto brincávamos, Eileen confirmou minhas observações. "Tive de aprender a não ser muito exuberante com Jenny. Ela certamente não gosta. No princípio, achei que era porque não haviam brincado com ela no lar anterior, mas agora percebo que é mais por causa de seu temperamento.''

Notei em minha prática que os pais que fazem uma adoção inter-racial têm de se esforçar mais para compreender o bebê e a diferença qualitativa de comportamento no que diz respeito a ritmos, reações e comportamento motor. Quando conto às mães sobre meu trabalho genético intercultural e como vim a crer que as diferenças genéticas precisam ser compreendidas e respeitadas, elas muitas vezes ficam deliciadas e aliviadas. ''No início, pensei que ela não gostava de mim ou de como eu mexia com ela.'' Elas me contam que, inconscientemente, começaram a adaptar suas reações aos bebês. ''Assim que consegui, começamos a nos conhecer. No início, foi um difícil trabalho de ajuste.'' Os pais descobrem que têm de empenhar-se em ajustar seu modo de reação ao do novo bebê. No princípio, quando isso não funciona, os pais sentem-se fracassados. Algumas mães comparam esse estado a uma depressão pós-parto. De certo modo, elas estão certas. Embora não tenham sentido o esforço de produzir esse bebê, a tarefa psicológica de ajustamento pode ser assoberbante. ''Ninguém nos contou como seria difícil aprender sobre um bebê de três meses. É só porque ela é coreana?'' (Ou colombiana, ou vietnamita, e assim por diante.)

Os pais adotivos devem preparar-se de antemão para prever e compreender essas diferenças. Do contrário, eles interpretarão as dificuldades de ajustamento mútuo como incapacidade de se relacionarem com o novo bebê. Nossos ritmos de movimento, de reação interativa, estão tão arraigados em cada um de nós, que achamos difícil nos ajustarmos quando estabelecemos um relacionamento com alguém de estilo ou temperamento diferentes. Os novos pais preocupam-se tanto que essas diferenças assumem proporções maiores e podem até mesmo ameaçar o relacionamento que eles estão tentando construir. A ansiedade natural e o esforço intensivo dos pais de crianças pequenas tornam-se exagerados e podem levar à depressão se seus sentimentos forem reprimidos. Quando diferenças culturais no comportamento do novo bebê podem ser compartilhadas com os pais desde o início, elas não atingirão proporções exageradas nem serão mal interpretadas. Espero que as enfermeiras, os médicos e outras pessoas que se interessam por adoções interculturais ou inter-raciais possam informar-se e sensibilizar-se a essas questões.

Enquanto esses ajustamentos forem feitos, os pais descobrirão que a personalidade da criança gradualmente absorve aspectos das personalidades deles. Com o tempo, ela começará a assumir os atributos deles e a mesclar o estilo deles no seu . Mas, quando sob pressão — por exemplo, quando submetida a uma experiência traumática ou a um novo ajustamento, tal como a escola, onde tem de aprender coisas novas com rapidez —, o estilo temperamental inato da criança provavelmente voltará a manifestar-se. Então, ela precisará novamente da compreensão e do respeito dos pais. À medida que crescer, eles podem ajudá-la a compreender a si mesma e a seu jeito de ser. Sempre fico surpreso ao ver como é recompensador para uma criança de seis ou sete anos começar a compreender a si mesma e a suas reações. Se puderem aceitar as diferenças entre o temperamento de Jenny e o deles, Barry e Eileen estarão prontos para ajudá-la também a compreendê-los. Esse conhecimento mútuo crescente irá uni-los cada vez mais. O objetivo de Eileen e Barry é alcançar o sentimento de que são tão íntimos dela quanto teriam sido de um filho natural, e de que nada falta — nem para ela nem para eles.

PERGUNTAS COMUNS

Pergunta Uma criança é afetada pelos genes ou pela maneira como os pais a criam?

Dr. Brazelton A personalidade básica é herdada. Mas o modo como usamos o que temos e nosso temperamento provavelmente depende do ambiente e de nossas experiências ao enfrentar situações de pressão. *Nunca* é possível separar o que é natural e o que é influência externa.

Pergunta Parece que alguns comportamentos mudam e outros não. Existem regras?

Dr. Brazelton Não há regras simples. Um dos motivos por que é tão difícil prever o futuro de uma criança a partir do comportamento na infância é que, a cada estágio de desenvolvimento (e há muitos), a personalidade como um todo da criança é reorganizada. Isso é bom, pois significa que, mesmo com uma herança fixa de um pai biológico com problemas graves, a criança pode aprender a canalizar as mesmas características e a usá-las como trunfos. A plasticidade é a natureza do organismo humano. Aprendendo com cada uma das transições da vida em que a pressão está presente, nós nos mantemos em mudança e em desenvolvimento. Sabendo disso, é menos provável que um pai adotivo projete sobre a criança os "pecados" do pai natural. Dizer "ela será irresponsável porque seu pai o era" parece grosseiramente injusto, mas trata-se de uma fantasia comum de pais adotivos. Quanto mais puder apoiar o potencial de seu filho adotivo e quanto menos rotulá-lo segundo os antecedentes dele, mais você aumentará a auto-imagem e a capacidade dele em usar positivamente quaisquer padrões e características herdadas.

Pergunta Minha filha é calma e sensível. Parece ter também inclinação artística. Como sou artista, espero que ela continue desse modo. Devemos encorajar isso?

Dr. Brazelton Sem dúvida. Não apenas porque ela parece ter um temperamento artístico, mas especialmente porque ela pode se identificar com você e seus interesses. Ela perceberá e valorizará seu talento e irá sentir-se reforçada por ele. Não a pressione; apenas dê-lhe apoio quando ela tentar "ser igual à mamãe".

Pergunta Meu filho é tão obediente. Isso significa que quando ele crescer as pessoas vão se aproveitar dele?

Dr. Brazelton Não necessariamente. Uma criança obediente também pode ser teimosa, determinada e segura. Ele talvez seja obediente por ter um senso interior de si mesmo. Quando se aproveitarem dele, não corra a protegê-lo. Se você enxergar a natureza obediente dele como um problema, ele a verá como uma falha em si mesmo. Se ele for maltratado, diga-lhe: "Você sabe muito bem que pode cuidar de si quando precisar. Você pode aprender a lidar com gente mandona. É só querer. E, quando fizer isso, elas vão deixá-lo em paz. Mas se isso não o incomoda, também não me incomoda. Sei que você pode se cuidar sozinho." É de uma sensação de segurança que ele precisa para se proteger.

Pergunta Minha filha fica com uma babá três dias por semana, e parece não se importar nem um pouco quando a deixamos. Além disso, é ela mesma quem leva a mamadeira. Fico imaginando se ela será independente assim por toda a vida.

Dr. Brazelton Espero que sim. Ela parece bastante capaz e segura de si. Mostre-lhe o quanto você se orgulha dela. Mas não espere que ela seja tão capaz o tempo todo. Prepare-a para ficar com a babá; mesmo assim, fique com ela um pouquinho. Abrace-a quando ela levar a mamadeira. Qualquer criança que ainda precisa de uma mamadeira sente falta de um período de proximidade passado com a mãe. Se ela regredir e realmente exibir uma necessidade repentina de ser mais dependente, aproveite a oportunidade. Mostre a ela que não há nada demais em ser dependente, mesmo que ela se saia bem sendo independente.

Pergunta Em que medida o que notamos em nossos filhos é o que queremos que eles se tornem?

Dr. Brazelton Provavelmente em grande medida. A influência de nossas expectativas é bastante poderosa. Um filho se esforça, consciente e inconscientemente, para corresponder às esperanças dos pais. Portanto, você sempre o estará moldando por meio de seus sonhos. Há um custo para isso. A criança lutará para corresponder às suas expectativas e irá até mesmo incorporá-las por si mesma a seus próprios objetivos. Se ela obtiver êxito, ótimo. Se não, isso pode custar-lhe uma auto-imagem boa. Portanto, você deve reajustar constantemente seu sonho à realidade, escutando o que seu filho quer tornar-se e o que ele pode tornar-se. Se conseguir ajustar seus sonhos aos dele, você estará lhe dando a melhor chance de sentir-se bem a respeito de si mesmo.

Pergunta Há alguma relação entre desenvolvimento físico e desenvolvimento verbal? A fala de minha filha está se desenvolvendo bem mais cedo que sua coordenação.

Dr. Brazelton Parece haver uma relação inversa, pelo menos no desenvolvimento inicial da fala. Uma criança muito ativa parece não ter tempo para falar. Ela tem de continuar em atividade. É provável que uma criança com um impulso físico menor use a fala para conseguir o que quer.

Pergunta Temos um problema de peso excessivo em ambos os lados da família. É algo que discutimos com nosso pediatra e de que temos consciência. Qual é a probabilidade de meu filho vir a ter um problema de excesso de peso quando crescer?

Dr. Brazelton A probabilidade é grande. O tipo físico dos pais geralmente é dominante e se transmite hereditariamente. Isso nem sempre é inevitável, pois há genes recessivos que podem se manifestar. Mas seria surpreendente ele não ter um tipo físico semelhante ao de vocês. Assim, é importante ele aprender cedo a controlar o peso. Você não conseguirá isso manipulando o garoto e aquilo que ele come. Se fizer isso, ele provavelmente se rebelará e, a longo prazo, comerá em excesso. Ele aprenderá guiando-se pela conduta de vocês. Se vocês aprenderem a cuidar de sua própria dieta, sem dar ênfase ao fato, ele, com toda a probabilidade, irá imitá-los. Se você puder dar-lhe um exemplo com atividades e esportes, será mais provável que ele os valorize. Combinar uma dieta controlada e uma atividade esportiva regular é o caminho mais seguro para evitar a obesidade.

Pergunta Minha filha tende a ser bastante agressiva com outras crianças. Mesmo se tenta dar-lhes um abraço, acaba jogando-as no chão. Isso significa que ela será agressiva quando ficar mais velha?

Dr. Brazelton Espero que não. Isso não leva necessariamente à agressividade. Quando age assim, a intenção dela não é agredir. Contudo, se esse modo de agir assusta as outras crianças, e se a reação delas, por sua vez, a assusta, podem surgir padrões de reação excessiva e ansiosa. Isso pode levá-la a maltratar outras crianças. Eu certamente a ajudaria a perceber que as outras crianças não gostam de brutalidade. Antes de ir a algum lugar excitante eu a avisaria de que gostaria de ajudá-la a encontrar maneiras de se controlar. E eu as praticaria com ela. Não reaja com muito vigor quando ela falhar, mas deixe bem claro que não permitirá que ela machuque outro; se for necessário, afaste-a. Uma das melhores maneiras de ajudá-la será encontrar outra criança exatamente como ela e deixar que brinquem juntas. Elas aprenderão rapidamente uma com a outra. Então, você poderá ajudá-la a aprender como é que se faz a aproximação com crianças menos agressivas. Não que você deva suprimir toda a agressividade dela; ajude-a a canalizar a agressividade para comportamentos aceitáveis, para que os outros gostem dela e ela possa gostar de si mesma. Aprender a conviver com sentimentos agressivos e controlá-los é um processo de uma vida inteira. Se tem medo de perder o controle, a criança provavelmente se reprimirá para estourar depois, tornando-se uma pessoa desconfortavelmente agressiva.

A família O'Connell-Beder revisitada

Quando cheguei à casa de Eileen e Barry, um pequeno sobrado num subúrbio de Boston, olhei para a varanda lá em cima. Havia três membros da família para me receber: Eileen, Barry e Jenny, agora com três anos. Uma vizinha que passava por ali viu-me olhando para eles. "Que lindo quadro!", comentou. Tive de concordar. Eles formavam um trio notável.

Eileen, com seus cabelos loiro-avermelhados e os grandes olhos azuis, era o ideal de beleza de um editor de revista. Ela irradia simpatia e cordialidade. Barry, moreno, bem apessoado, projeta uma aura de força serena. E Jenny, com seu corpo robusto, os finos traços asiáticos e os cabelos negros e lisos, oferece um terceiro contraste. Seus olhos se alertaram quando me aproximei. Os três me cumprimentaram na varanda, mas Jenny recuou, escondendo-se atrás das pernas dos pais. Fitando-me com um olhar impassível durante os primeiros quinze minutos da visita, ela não permitiu que eu me aproximasse.

Depois de entrarmos na casa e de nos sentarmos à mesa para que eu pudesse fazer anotações, senti uma mão suave em minha perna. Jenny estava pedindo minha atenção. Tão logo reagi, ela começou a se comunicar. Como se houvéssemos aberto uma comporta, ela começou a me mostrar seus brinquedos, a desenhar para mim, a me contar seus "segredos". Durante o resto da visita, ela agiu como se eu estivesse lá por causa dela e empenhou-se em me agradar. Tagarelava quase que incessantemente. Sempre que eu começava a conversar com seus pais, ela falava ainda mais, como se estivesse determinada a manter a atenção dos adultos. Fiquei imaginando se essa não era a sua maneira de competir com John, o irmão de dezoito meses, que dormia em outro quarto.

Eileen disse-me que Jenny era famosa por deixar encantados todos os amigos da família. Não duvidei. Quando fracassava com sua deliciosa tagarelice, ela se insinuava fisicamente. Deslizava por meus joelhos, tocava delicadamente minha perna, e seus olhos escuros e penetrantes fixavam-se sobre mim. Achei-a irresistível. Minha vontade era colocá-la no colo. Mal consegui conversar com seus pais. Assim que eu lhe dava atenção, ela ficava serenamente animada. Empinando levemente a cabeça, encarava-me diretamente, com um sorriso largo, uma covinha surgindo na maçã esquerda. Ela se comunicava por meio de sentenças completas, complicadas para uma criança de três anos. Mais tarde, deu-me conta do quanto ela se assemelhava a Eileen em seu encanto, ao mesmo tempo irresistível e refinado. Era quase como se ela fosse uma versão asiática do charme irlandês de sua sorridente mãe. O contraste entre a aparência física das duas tornava essa semelhança assombrosa.

Em pouco tempo deixei-me conquistar por todos. O ar reservado e inteligente de Barry era a âncora do trio. O modo como Jenny me cortejava mostrava-me o quanto ela sentia-se segura com seu pai. Em meu consultório, percebo rapidamente como uma criança se relaciona com seu pai pela maneira como ela se relaciona comigo. Quando eu e Jenny estabelecemos comunicação, ela começou a se ajustar facilmente à nova relação. Demonstrando auto-segurança, ela irradiava uma alegria contagiante. O modo como uma criança pequena se relaciona com um médico ou com um amigo da família baseia-se quase sempre em sua experiência passada com o homem mais importante de sua vida. Crianças cujos pais estão realmente envolvidos com elas crescem com um senso de confiança que posso perceber mesmo nos breves contatos no consultório.

Eileen contou-me como era a vida da família agora. Eles haviam adotado John quinze meses antes, na mesma agência coreana que lhes enviara Jenny. John também tinha três meses quando chegou. A família provisória que cuidara dele enviou-lhes fotos suas com o garoto recém-nascido, seu ursinho de pelúcia e roupas coreanas para que ele usasse quando crescesse um pouco mais. Eles pediram aos Beder que lhes enviassem fotografias à medida que ele fosse crescendo. O fato de o garoto ter estado com pessoas que se importavam com ele deixara Eileen e Barry satisfeitos.

Eileen trabalha agora apenas um dia por semana, atendendo pacientes de psicoterapia. Durante o resto do tempo, é dona de casa. Barry fica em casa dois dias por semana, com a família. A Beder Health Clinic, que organiza programas para empresas e indivíduos que querem parar de fumar ou beber, assim como para outros tipos de crise pessoal, está enterrada em trabalho. Barry costumava viajar um bocado antes que as crianças chegassem. Agora raramente sai de casa.

Barry e Eileen estão trabalhando juntos num vídeo onde mostram suas idéias e técnicas para deixar de fumar. Ele combinou a auto-hipnose e outras técnicas aplicáveis de um modo original. O sentimento de segurança serena que ele transmite deve ser um dos fatores do sucesso de sua clínica. Mas Barry fica mais alegre quando fala da família. Ele me contou o quanto fora difícil deixar que John invadisse seu relacionamento com Jenny, e então dei-me conta de que raramente ouvira um pai expor seus sentimentos mais profundos desse jeito. "Eu precisava estar em casa por mais tempo para ordenar meus novos relacionamentos com Jenny e John, e até mesmo um novo relacionamento com Eileen. Temos sido mais felizes do que nunca", disse ele. Eileen confirmou com um gesto de cabeça.

Agora, ambos sentiam-se à vontade para conversar comigo sobre o verdadeiro significado que a infertilidade tivera para eles. Oito anos de tentativas haviam deixado Eileen exausta. A pior parte de tudo para ambos era a falta de diagnóstico. Todos os médicos diziam que não havia absolutamente motivo algum, e que ela poderia engravidar a qualquer momento. Eles haviam feito todos os exames possíveis e se submetido a cirurgias. Eles haviam tentado tabelas de temperatura aliadas a "ordens para manter relações sexuais de determinadas maneiras". Ambos haviam passado por toda sorte de procedimentos para visualizar o aparelho reprodutor. "Eles até me fizeram ter sexo com um óvulo de hamster", disse Barry com um sorriso, "para ver se meu esperma era potente." Eles ainda estão tentando. Eileen toma pílulas para a tireóide, embora não haja muita necessidade disso. O desespero por trás dos anos de experiências contrastava com a aparência daquelas pessoas bonitas e confiantes. Senti que as experiências haviam aprofundado o relacionamento entre eles e aumentado a consciência que tinham de si mesmos. A luta não fora em vão.

"Ninguém consegue identificar o defeito em nenhum de nós", disse Eileen. "Isso deveria ser tranqüilizador, mas não é. É até pior. Na verdade, antes de adotarmos Jenny, eu estava ficando louca; antes de cada menstruação, minha tensão ia aumentando até um ponto crítico. O desapontamento quando a menstruação começava era tão terrível que eu estava ficando desvairada. Nosso casamento estava prestes a acabar. Fazíamos terapia para tentar salvá-lo. Cada um colocava a culpa no outro, e culpávamos a nós mesmos. Barry viajava muito. Eu trabalhava desesperadamente. Podíamos perceber que vivíamos em função da gravidez. Embora eu ainda não pudesse renunciar ao desejo de engravidar, comecei a perceber que tinha de pôr um termo em parte de minha vida. Mesmo que nunca ficasse grávida, eu tinha de ser mãe. Foi quando decidimos fazer a adoção. Precisávamos salvar a nós mesmos e precisávamos salvar nosso casamento. A adoção fez isso.

Perguntei se ela queria mais filhos. Ela fez que sim. "Para mim, dois são suficientes", disse Barry. "Quero mais tempo para apreciar os que temos. Já estou tendo trabalho suficiente para desistir de minha relação especial com Jenny." Ele fez uma pausa e prosseguiu: "Sou de uma família judia de Boston. Meu único irmão era dois anos e meio mais velho que eu. Pelo que me lembro, estávamos sempre competindo. Ele teve dois meninos; Michael, de treze anos, adora-nos e quer ser parte da família. Ele ficou muito enciumado quando tivemos Jenny. Nós o levamos conosco nos passeios da família. O senhor sabe, meu irmão morreu há dois anos por causa de um tumor cerebral.'' Percebi sua profunda identificação com o irmão, além da culpa por ter sido tão competitivo e por ter ''vencido'', pois era um sucesso em seu negócio, na família e até mesmo em seu modo de lidar com o problema da infertilidade. Esse senso de competição indubitavelmente alimentara seu sucesso, mas, em certo sentido, ele ainda achava que contribuíra para a tragédia do irmão. Tais sentimentos, chamados ''fantasmas do quarto de brinquedos'' pela psicanalista infantil Selma Fraiberg, são remanescentes de nosso passado, e é inevitável que influenciem nossas reações de maneiras sobre as quais muitas vezes não temos controle algum. A consciência que Barry tinha de seus próprios sentimentos sem dúvida capacitava-o a controlá-los, mas não livrar-se deles.

Revelando seus passados, Eileen e Barry ajudaram-me a compreender por que era crucial para eles poder criar um filho. ''No início, eu simplesmente não podia me aceitar como sendo incapaz de ficar grávida'', disse Eileen. ''Se não conseguisse engravidar, eu não queria ter nenhum bebê. Mas estava cada vez mais deprimida e me isolando de Barry, e percebi que o culpava. Eu não toleraria assumir a culpa. Meu irmão e minha irmã são férteis! Eu também devo ser.''

''Enquanto isso'', disse Barry, ''eu estava cada vez mais zangado por ela não poder se realizar apenas comigo. Por que precisava de uma família também? Eu não bastava? Comecei a perceber que não podia tolerar a culpa que eu mesmo me impingia.''

''Uma noite'', disse Eileen, ''tomei a decisão. Disse a Barry: 'Vamos fazer uma adoção.'''

''Para mim'', disse Barry, ''tratava-se de levar o nome adiante, a herança. Isso é importante para famílias judias. Hoje minha família vibra com eles tanto quanto com os filhos de meu irmão. Mas não foi assim no início. Além disso, eu ainda sonho com bebês brancos de olhos azuis. Nós dois temos olhos azuis, e (olhando para a esposa) até sonho com um bebê com cabelos loiro-avermelhados!"

"Hoje digo a todo mundo que me provei como mãe", disse Eileen, "e reconquistei uma parte importante de meu ego. Mas ainda sinto a compulsão de engravidar. Nossos dois bebês são perfeitos. Agora sinto que realmente gosto de Jenny e de John como pessoas. Sempre que penso num bebê realmente meu, digo a mim mesma como eles são ótimos. Não sei se produziríamos alguém tão delicado quanto Jenny ou tão instigante quanto John. Jenny demorou bastante para falar nossa língua, como se não pudesse desistir de sua herança coreana. Ela é tão meiga, tão prestativa. Nós não a merecemos."

"Você quer dizer que ela já veio pronta e não podia ser estragada por vocês?", perguntei. Costumo ouvir isso de outros.

Eileen concordou. "John é tão diferente. Ele já caiu da escada três vezes. Tira os protetores das tomadas. Vive em perigo, é sempre excitante. Quando o levamos ao tribunal para adotá-lo, ele derrubou todos os cinzeiros das mesas, olhou para o juiz e riu, provocando. Percebemos que o juiz nos olhava, querendo saber se realmente podíamos dar conta dele. Tive medo de que recusasse a adoção. Mas, felizmente, ele entendia de bebês e do negativismo deles."

"Você fala de ambos como se fossem opostos", observei. "Como se eles já fossem indivíduos fortes — mesmo sem você."

"Tive os filhos de meus sonhos", disse Eileen. "Eles realmente têm personalidades fortes. Gosto do que eles são — sinto orgulho deles. Todos gostam deles. Mesmo com apenas três anos, Jenny já é querida pelas outras crianças. Espero com ansiedade cada novo estágio de desenvolvimento. Quanto mais crescidos, melhores eles ficam."

"Isso significa que você está satisfeita por eles não serem mais bebês?", perguntei.

"Não tenho muita queda por bebês. Meu pediatra disse que isso talvez se deva ao fato de eles serem adotados. Ele acha que nos nove meses de gravidez o ajustamento se inicia de um modo que não ocorre na adoção."

Talvez agora que as crianças estavam mais crescidas fosse mais fácil para Eileen sentir-se responsável por elas. Lembrei a ela o quanto fora difícil quando Jenny chegara.

"Sim", disse ela, "eu não conseguia me aproximar dela e sentia-me arrasada. Então, o senhor sugeriu que eu a deixasse tomar a iniciativa quando ela achasse que era hora. Eu percebi que fora muito dominadora. Ela era *tão* calma, e eu sou tão efusiva. Relaxei, diminuí o ritmo e ela foi se abrindo cada vez mais. Exatamente como é agora!" Ela olhou orgulhosamente para Jenny.

Jenny veio até mim. "O senhor gostaria de tomar chá?", perguntou. "Eu *adoraria* tomar chá!", exclamei. Meu entusiasmo pareceu preocupá-la, e ela disse, cautelosa: "Só que é chá de faz-de-conta." Percebi que minha reação fora muito rápida. Calmamente, eu disse: "Jenny, chá de faz-de-conta é meu chá favorito. O que mais quero agora é seu chá de faz-de-conta." Ela abriu um largo sorriso, exibindo suas lindas covinhas. Fomos então beber o chá de faz-de-conta com biscoitos de verdade, fornecidos pela mãe. Percebi por que Eileen e Barry haviam tido de se esforçar para respeitar a sensibilidade da filha. Ela ainda podia sentir-se esmagada por uma reação muito forte. Após esse episódio, no qual eu respeitara sua necessidade de intercâmbio menos dramático, eu a conquistei. Ela sentou-se em meu colo. Voltando o rosto para prestar atenção em tudo o que eu dizia, ela brincava calmamente quando pedíamos que o fizesse, e dava respostas complexas às perguntas que eu lhe fazia. Agora éramos verdadeiramente amigos e estávamos "sintonizados no mesmo comprimento de onda".

"Por que vocês decidiram adotar um bebê asiático?", perguntei aos pais. "Já haviam tentado adotar uma criança americana?"

"Ah, sim", disse Eileen. "Passamos por maus bocados. O senhor não imagina como é difícil conseguir um bebê hoje em dia."

"Quando Eileen foi às instituições de caridade católicas", disse Barry, "eles falaram: 'Não podemos lhe dar um bebê católico. Você é casada com um judeu. Como saberemos em que religião o bebê vai ser educado?' Quando ela foi às instituições judaicas, eles disseram: 'Nunca entregamos nossos bebês a uma mãe que não é judia. Mesmo que o pai seja judeu. É a crença da mãe que interessa.' "

"Quando procuramos os sul-americanos", prosseguiu Eileen, "descobrimos um mercado negro terrível. Você envia mil dólares só para se registrar como pretendente, e corre o risco de nunca mais ter notícias deles. Temos amigos que foram à América do Sul e descobriram que não havia nenhum bebê disponível. É algo que nos incomoda, ver bebês tratados como mercadoria. Não podíamos suportar isso, e desistimos da América Latina. Havíamos ido à China e visto como eram maravilhosos os bebês daquele país. Então, pensamos: por que não um bebê asiático?"

"Sentimo-nos imediatamente à vontade com a agência em que fomos aqui em Massachusetts", prosseguiu Barry. "Eles nos puseram em contato com os pais provisórios. Eles agiam como se tivessem por objetivo cuidar do *bebê* e do ajustamento dele. Não estavam atrás de nosso dinheiro. Sentimos imediatamente que nossos interesses eram iguais aos deles. Nós todos queríamos o melhor para o bebê."

Notei fotografias da China e de pessoas chinesas em várias paredes. Perguntei se isso era um esforço consciente da parte deles para conscientizar as crianças de sua herança e de outras pessoas como elas. Calmamente, Barry disse: "Não. São de uma viagem. Na verdade, pensamos em guardar as fotos — as crianças podem ficar confusas."

"Confusas?"

"Elas poderiam pensar que estas pessoas são da família delas", explicou Barry. "Nossos amigos dizem que elas pensariam isso porque somos tão diferentes. As pessoas nas fotos são parecidas com elas."

"Mas elas precisam compreender as diferenças", repliquei. "Precisam saber que não são seus filhos naturais."

Eileen explicou: "O que pretendo dizer a eles é que 'papai e eu não nascemos na mesma família. Viemos de famílias diferentes. Nós nos escolhemos para formar uma família. Foi assim que escolhemos vocês. Somos uma família, e todos viemos de famílias diferentes' ".

"É uma maneira ótima de colocar as coisas. Eu nunca desistiria do conceito de que '*Esta* é a família de vocês' ", insisti. "Eles precisarão escutar isso de vocês. Mas também precisam de pessoas asiáticas com quem possam se identificar. Por isso, as fotos, os toques asiáticos na casa e as roupas de John são muito úteis."

"Nós nos juntamos a um grupo de pais que estão criando filhos asiáticos", disse Eileen. "Somos um grupo grande agora. Nossos filhos se encontram, e nós aprendemos bastante uns com os outros. Todos estão considerando a possibilidade de uma terceira adoção. Isso me faz pensar que eu devia fazer o mesmo."

Barry fez uma expressão de desagrado e exclamou: "Chega!"

"A menos que eu fique grávida", disse Eileen. Barry assentiu.

Nenhum dos dois ainda havia desistido inteiramente do sonho de Eileen engravidar. Minha esperança era que nunca renunciassem a seu sonho — contanto que isso não lhes custasse muito.

"Eu queria lhe falar de um jogo que Jenny fez logo depois que aprendeu a falar", disse Eileen. "Ela costumava dizer: 'Eu sou uma médica.' Eu perguntava: 'Você quer ir ao médico?' Ela sacudia a cabeça. 'Não. *Eu* sou médica!' Ficamos sem entender, até que um dia ela disse: 'Eu fui médica quando era bebê.' Percebi que ela tentava me fazer compreender que ela sabia que fora adotada."

Ali estava a resposta para uma das perguntas que os pais sempre fazem: "quando devo dizer à criança que ela foi adotada? Se você falar sobre isso desde o início, ela o aceitará. Jenny estava tentando fazer com que Eileen a tranqüilizasse, que lhe assegurasse que também aceitava o fato. Isso aconteceria de tempos em tempos e seria necessário que fosse enfrentado com segurança absoluta.

''Outro dia mesmo'', continuou Eileen, ''ela disse: 'Você é minha mãe de verdade?' Acho que isso aconteceu quando estávamos numa piscina pública. Quando eu a chamei, as outras crianças viram como éramos diferentes e fizeram perguntas a ela sobre isso. 'Aquela é sua mãe *verdadeira*?' Jenny parecia ansiosa, não com a pergunta, mas por sentir-se provocada. Eu disse: 'É claro que eu sou a mãe verdadeira dela!' Jenny disse: 'Mas eu vim num avião.' 'Sim, mas você veio para mim para que eu fosse sua mãe verdadeira. Alguém na Coréia que não podia ser sua mãe de verdade deixou-me ficar com você para que você fosse minha filha e parte de minha família. Agora, eu e o papai *somos* sua família de verdade! Ela se acalmou, correu de volta para eles e disse: 'Ela *é* minha mamãe de verdade!' Nós a escutamos explicar tudo isso a eles. Imagino que isso vai acontecer mais e mais vezes à medida que ela crescer.''

''As pessoas estão sempre nos perguntando: 'Eles são irmãos?', acrescentou Barry. Alguns até mesmo dizem: 'Eles são gêmeos?' Isso nos parece tão insensível, as pessoas acharem que todas as crianças asiáticas se parecem. Até parece que essas pessoas não enxergam. Nós adoramos a individualidade de nossos filhos.''

''Infelizmente, eles terão de enfrentar isso vezes e vezes'', eu disse. ''Eles não se parecem com as outras crianças. Na escola, isso irá incomodar as outras crianças que estarão identificando suas diferenças individuais. O papel de vocês será tranqüilizá-los quanto à individualidade deles, quanto à importância da história e da cultura deles, e também quanto à plena aceitação deles na família.''

''Já lidei com a diferença entre nós dois, na condição de católica casada com um judeu. Nossas famílias passaram por maus bocados com nosso casamento: 'Vocês vão circuncisar seus garotos? Vão batizar os bebês?' Tivemos de ajudá-los nesses ajustamentos, e, no processo, viemos a compreender nossos sentimentos a respeito de diferenças. Agora temos um preparo melhor para ajudar as crianças.''

''Suas famílias agora os aceitam?'', perguntei.

"Sim", disse Eileen. "Telefonam o tempo todo para saber deles. Meu sobrinho e John têm diferença de um mês, e meu irmão tem uma filha duas semanas mais nova que Jenny. Jenny irá para a mesma escola que a prima. As crianças se adoram."

"Não há dúvida de que são crianças de sorte."

"Bem, nós também somos", disse Barry. "Eles realmente consolidaram nossa família. Nós agora saímos em grupo. Nunca fomos tão felizes juntos — Eileen e eu. Temos uma sensação de plenitude com a qual eu nunca havia sonhado." Eileen concordou com um gesto vigoroso de cabeça. "Eu passo dois dias da semana em casa, limpo a casa, cozinho um pouco — para ajudar Eileen, mas também para fazer realmente parte da família."

"Os amigos dele sentem-se muito ameaçados por isso", disse Eileen com um sorriso. Telefonam e dizem: 'Quer limpar nossa casa também?' ou 'Sai dessa — você está arrumando encrenca para nós.' Eles realmente sentem-se ameaçados."

"Isso não me incomoda mais", disse Barry. "No início incomodava, tenho de admitir. Mas quando tive a consciência de que não podíamos ter um bebê, isso me atingiu profundamente. Comecei a me perguntar se não era assim que tinha de ser. Talvez eu não tivesse um bebê porque não tinha capacidade para cuidar de um. Talvez houvesse algo errado comigo. No caminho para o aeroporto, para buscar Jenny, eu ainda me perguntava, 'Tenho condições de ser pai de alguém?' Agora tenho bastante orgulho de ser um bom pai. Compensa qualquer falha até mais do que o necessário. John chama nós dois de Mama."

"Se eu não fico em casa por alguns dias", prosseguiu Barry, "eu me esqueço de onde estão as coisas. Eu *preciso* ficar aqui pelo meu próprio bem, para manter a forma. Só me sinto mal quando Eileen telefona para o escritório no meio de uma sessão com um grupo de poderosos executivos. Ela telefona e diz, 'As crianças querem falar com você!' Eu tenho de parar para falar língua de criança. Mas eu conheço todas as recompensas que consegui, e, portanto, imagino que os executivos podem tirar uma lição disso."

Enquanto isso, Jenny subia em meu colo, os dedos cobertos de geléia explorando meu rosto, determinada a conhecer tudo o que fosse possível a meu respeito. Comentei a segurança que ela sentia em relação a homens. Barry disse, orgulhoso: "Passamos bons momentos juntos. Ficamos brincando uma hora. Eu me sinto muito bem brincando com ela."

"Isso o preocupa?", perguntei. "Hoje todos se preocupam tanto com a sexualidade, com a corrupção de menores, que alguns pais sentem-se inibidos quando brincam com as filhas."

"Bem", disse Barry, "eu realmente fico meio embaraçado quando ela se enfia na cama comigo. Depois do meu treinamento psiquiátrico é difícil não ficar constrangido quando ela diz coisas como: 'Eu gosto de seu pênis!' Mas, no fundo, eu *sei* como nosso relacionamento é seguro e bem definido; por isso, não me sinto ameaçado. Encaro isso como a maneira que ela tem de me conhecer melhor. Espero não transmitir nenhuma sensação de embaraço."

"Ela é bastante direta", acrescentou Eileen. "Outro dia ela disse: 'Eu não gosto mais desse bebê. Mandem ele de volta no avião. Quero ser sua única filha médica!"

"Ela é uma bênção", continuou Barry. "Fez com que eu me sentisse uma pessoa inteira outra vez. E colocou nosso casamento sobre uma base inteiramente diferente. Poderíamos ter nos separado com a maior facilidade durante aquele período de tensão. Agora temos um compromisso mútuo num nível inteiramente diferente. Vejo Eileen como uma boa mãe. Ela me vê como um bom pai. Isso nos dá um nível inteiramente novo de tranqüilidade. Hoje somos mais felizes do que nunca."

Jenny começou a se exibir. Deu uma cambalhota. Demonstrou um talento e uma coordenação física que eu já vira antes em crianças fazendo treinos de acrobacia na China. Elas são tão bem coordenadas que é espantoso vê-las em atividade. John, que acordou da sesta naquele instante, veio logo atrás, imitando cada movimento da irmã, mostrando os primeiros sinais da mesma coordenação e habilidade motora de Jenny.

Eileen e Barry falam com orgulho desses dotes notáveis e querem incentivá-los. Querem ensinar algumas coisas a Jenny, mas ela resiste, teimosa. "*Eu* é que vou fazer isso", diz quando alguém tenta lhe mostrar alguma coisa sobre acrobacia. Eles terão de usar de cautela quando começarem a dar-lhe ensinamentos. Noto que o desejo de Barry e Eileen é que ela desenvolva essa aptidão especial para melhor enfrentar as provocações que receberá dos colegas por ser diferente. Contudo, ela deve estar pronta para as aulas, e não ser pressionada a entrar numa situação de aprendizado. Posteriormente, poderá mostrar uma grande vontade de aprender e de desenvolver novas habilidades. Alguns músicos disseram-me que uma criança talentosa geralmente está pronta para as aulas e para a disciplina da prática somente aos cinco ou seis anos. Jenny deve primeiro desenvolver, por si mesma, uma percepção do próprio talento, das coisas que pode fazer bem. Então, ela se tornará receptiva a um professor sensível, que possa ajudá-la a desenvolver esse talento. Nesse momento, a admiração e a alegria de Barry e Eileen por sua boa coordenação darão reforço suficiente a esse talento. Eu os encorajei a esperar que ela desse sinais de estar pronta.

É fácil pressionar uma criança de três anos a aprender uma nova habilidade — acrobacia, leitura, escrita. Se Eileen e Barry iniciassem o ensino agora, ela aprenderia. Já vi crianças que aprenderam a ler aos três ou quatro anos ou que obtiveram um bom desempenho físico ou mental com essa idade. Eles estão tentando agradar os adultos ao redor. Mas não estão necessariamente obtendo um prazer interior com esse aprendizado. Como Jenny diz: "Eu é que quero fazer isso." No futuro, esse treinamento prematuro pode até mesmo interferir no aprendizado. Padrões de aprendizado precoce nem sempre se generalizam posteriormente em padrões de aprendizado mais complexos. Uma criança como Jenny conseguirá maior satisfação interior brincando e explorando diferentes usos do corpo em cambalhotas espontâneas. Brincar é um modo de aprender para as crianças — é quando elas fazem experimentações. Elas descartam as técnicas que não funcionam e dão continuidade às que funcionam. Se Eileen e Barry a pressionassem a aprender agora, o próprio entusiasmo de Jenny pelo domínio do corpo poderia desaparecer. Seria bom se Eileen e Barry respeitassem a teimosa recusa de Jenny e incentivassem seu aprendizado através da brincadeira e da interação com os colegas, ao invés de profissionais adultos. A tarefa de uma criança nos anos pré-escolares é aprender sobre si mesma, não aprender a competir ou desenvolver habilidades complexas que poderão vir depois.

Quando me preparava para ir embora, Jenny grudou-se ainda mais em mim, como se quisesse me impedir. Levou-me ao andar de cima, até seu quarto, onde me mostrou um retrato e disse: ''Esses aí são eu e *você*!'' Ela estava certa. Alguém havia tirado uma foto minha no consultório e dela, ainda bebê, com Eileen e Barry. Estávamos sorrindo e olhando para aquele novo bebê, sério, que acabara de chegar do Oriente. Ela nos observava, preocupada, enquanto manifestávamos reações exageradas na tentativa de nos comunicarmos com ela. Percebi o quão sensível e profundamente Eileen e Barry haviam-se adaptado àquela menina adorável. Aos três anos, ela já era expansiva e segura de si. Sentia-se perfeitamente em casa.

CAPÍTULO VI

QUANDO PROCURAR AJUDA

A pergunta que todos fazem numa crise é: "Por que eu?" Mas é claro que não acontece apenas com você. *Todas* as famílias enfrentam crises. Aprender a conviver com a tensão que elas trazem é maturidade. A tensão pode debilitar ou fortalecer uma família. Com este livro tentei transmitir certas maneiras que as famílias podem aprender e desenvolver quando enfrentarem situações ameaçadoras, trágicas ou assoberbantes. Procurei descobrir também as atitudes e os poderes específicos que levam à superação da crise. Famílias que deparam com uma perda, tensão ou doença podem deixar-se dominar pela autocomiseração ou aferrarem-se a defesas e à negação. Se uma família sentir-se atraída nessa direção, uma ajuda exterior pode devolver-lhe o equilíbrio. Várias das famílias deste livro viram na terapia uma coisa útil; e todas as famílias obtiveram ajuda informal e apoio de parentes, amigos ou médicos.

Como podem os pais saber se suas reações à tensão estão se tornando destrutivas e se a ajuda externa é necessária? Se compreenderem as estratégias adaptativas universais, seja de indivíduos ou de famílias, eles ficarão mais tranqüilos quando estiverem no caminho certo e saberão quando for a hora de procurar ajuda.

Uma idéia útil para famílias que estão tentando enfrentar uma tensão de qualquer tipo é o reconhecimento de que o *tensor* (ou evento causador da tensão) é neutro. Se uma família ou indivíduo irá ou adaptar-se ou crescer no processo de reação a um evento externo depende não tanto da natureza do evento quanto dos pontos fortes e dos pontos vulneráveis da família. Esses pontos fortes e fracos não podem ser previstos antecipadamente com precisão. Em outras palavras, não se pode dizer, a partir da gravidade do problema ou crise, se a família precisará de ajuda. Uma família pode superar uma doença ou uma perda com uma nova solidariedade, ao passo que outra pode ser devastada pelo mesmo evento. Para decidir se a ajuda é necessária, a auto-observação e a atenção dos sentimentos dos outros membros da família são mais úteis que a análise ou a rotulação da tensão. A experiência passada, a situação econômica, os antecedentes étnicos e as relações familiares, dentre outras influências, determinarão a interpretação que cada indivíduo dará a um desafio, a qual por sua vez determinará se ele pode ser ou não enfrentado.

Minha experiência de observação de crianças ao longo de trinta e cinco anos ensinou-me que as reações de uma família a uma crise ou a uma situação nova refletem as da criança. Isto é, o modo como uma criança pequena lida com um novo desafio (por exemplo, aprender a andar) tem certos estágios previsíveis: regressão, ansiedade, domínio, nova energia, desenvolvimento e o *feedback* para realizações futuras. Esses estágios também podem ser observados em adultos que estão enfrentando novos eventos na vida, positivos ou negativos. O desafio de lidar com a adoção, divórcio, doença ou outras mudanças de circunstâncias faz com que se manifestem estágios de reações previsíveis em todos nós. Assim como um bebê alcança um novo equilíbrio e um senso de si mesmo após desenvolver uma nova habilidade, uma família empenha-se em buscar uma nova estabilidade após lidar com uma crise. Tanto os indivíduos quanto as famílias devem ser flexíveis o suficiente para se adaptarem e se transformarem, mas também fortes o suficiente para manterem uma identidade e vínculos seguros.

Quer se trate de famílias ou de indivíduos, a regressão é muitas vezes uma resposta inicial à mudança. As crianças regridem pouco antes de darem uma grande arrancada no desenvolvimento. Chupar o dedo, urinar na cama, dormir mal são problemas possíveis. Em meio a essa regressão, as crianças parecem desintegradas — excessivamente infantis, dependentes, ansiosas, medrosas. Na hora, reações como essas, observadas numa criança anteriormente alegre e empreendedora, podem parecer alarmantes. Mais tarde, elas podem ser vistas como estratégias de conservação, maneiras de proteger o tempo e o espaço até que novas energias e modos de adaptação possam ser descobertos. Pode-se ver o jovem Charles Cooper regredindo desse modo antes de se recuperar da morte da mãe.

Famílias também regridem. Diante de uma nova situação ou perda, as famílias podem tornar-se desorganizadas, tensas, conflituosas. Uma família pode ter de separar-se para provocar reações de alarme nos membros individuais, para mobilizar todos contra o novo desafio. Eileen O'Connel e Barry Beder falaram dessas tensões, que surgiram entre eles antes de terem se aliado para enfrentar a esterilidade e decidirem-se pela adoção. Esse período regressivo pode ser assustador, pois provavelmente revelará fraquezas e defeitos na família enquanto sistema. Antes da tensão, talvez tudo parecesse estar bem com a família — na superfície. Somente quando nos encontramos sob tensão é que tomamos consciência das rivalidades subjacentes, dos elos fracos nas relações familiares. Para cada membro da família, há um período de dúvida e confusão: terei energia suficiente para enfrentar as novas exigências? Poderemos algum dia, como família, unirmo-nos para proporcionar uns aos outros a força de que precisaremos? Apesar da dor e do desconforto de tal período, uma espécie de adrenalina emocional circula pela família, e esse próprio sentimento de desorganização prepara o terreno para o crescimento e a mudança.

Após o primeiro choque, muitas vezes sobrevém um período de descrença ou negação, como vimos na família McClay. Após uma perda grave, os membros de uma família podem ficar deprimidos, incapazes de comer ou dormir, propensos a chorar inesperada e incontrolavelmente, incapazes de agir ou reagir. Também podem surgir sintomas físicos. Crianças e adultos ficam mais vulneráveis a infecções em tais momentos.

À medida que desaparece o entorpecimento inicial, surgirão preocupações quanto à nova situação. Temores irracionais podem aflorar. Atividades corriqueiras, como dirigir um carro, podem parecer assustadoras. As crianças passam a ter medo do escuro, da separação ou então acordam com pesadelos. Podem recusar-se a ir para a escola ou a sair de casa. Outro sentimento comum é a culpa: que fiz ou deixei de fazer para isso acontecer? Meus desejos agressivos ou ressentidos foram a causa? Fiz o que devia para impedi-los? As crianças de três a seis anos, em especial, são presas de fantasias irracionais. Receiam ter causado a doença ou o divórcio. Tentam tornar-se impossivelmente boas. É provável que assumam mais responsabilidades do que são capazes de dar conta — e que cedam depois a um sentimento de impotência. Os adultos numa família também irão sentir-se culpados, e tentarão transformar-se em modelos de coragem e força de um modo que não pode ser sustentado.

Após esses períodos de negação, medo e culpa, pode ocorrer um retraimento. Se a criança ou a família vir a situação como excessivamente esmagadora, pode sobrevir uma sensação de impotência. Crianças com um ar quieto, triste, que parecem agradar a todos, mas que também parecem desprovidas de emoção, que parecem não reagir à dor, física ou emocional, podem estar se defendendo da tensão por meio do retraimento. Famílias também podem retrair-se num mundo tenso, distante, caso os membros individuais sintam-se impotentes em meio à crise decorrente. Observamos isso na família McClay, que se colocaram na defensiva e fecharam-se em si mesmos, sem energia para qualquer atividade fora da família, na época em que o pequeno Kevin submetia-se à quimioterapia.

Muitas dessas reações a uma crise — regressão, negação, medo e retraimento — são reações adaptativas saudáveis, na medida em que concedem à criança e à família tempo e espaço para criar energias e encontrar o caminho para um novo equilíbrio. Apenas quando a criança ou a família aferram-se a essas reações é que elas tornam-se destrutivas ao invés de úteis.

Em cada uma das famílias deste livro, vimos que superar uma crise leva a um sistema familiar fortalecido. Quando uma criança conquista um novo nível de desenvolvimento, um senso de capacidade alimenta sua auto-imagem. Esse mesmo padrão pode ser observado em famílias. Assim como uma criança que aprende uma nova aptidão, a família que consegue superar o divórcio, a doença ou alguma outra crise sente-se estimulada e confiante: "Nós conseguimos!" A experiência de transcender um evento provocador de tensão torna-se uma força de revigoramento para toda a família.

Em certo momento, porém, muitas famílias julgam que estão andando em círculos e que são incapazes de dar um prosseguimento normal à vida. Uma ou mais dessas reações normais descritas acima termina por estabelecer-se. A situação vai ficando mais grave e parece fora de controle. Às vezes o inevitável período de regressão parece interminável, ou então a família empenha-se em negar o problema. Às vezes, alguém de fora — um professor, pediatra, assistente social ou amigo — pode referir-se à tensão e perguntar o que está havendo. Com mais freqüência, um indivíduo da família irá sentir-se deprimido ou completamente assoberbado. Todos esses sinais sugerem que uma terapia ou apoio externo podem ser uma boa idéia.

Ao tentar julgar se as emoções ou problemas dolorosos que estão sendo experimentados são normais e passarão com o tempo, ou se é aconselhável procurar ajuda, talvez o mais importante sinal seja a sensação de *imobilidade*. Os pais talvez notem que martelam certas questões vezes e vezes, num círculo vicioso. Para as pessoas próximas, a solução pode parecer óbvia, mas, dentro da família, o problema pode parecer insolúvel.

Em tal situação, algumas sessões de terapia podem verdadeiramente servir para abrir os olhos das pessoas: "Eu não *preciso* ficar empacado nesta situação!" De repente, os pais podem perceber que os "fantasmas" de sua própria infância toldam-lhes a visão, que emoções e fantasias que nada têm a ver com a crise presente estão distorcendo o discernimento deles.

O primeiro recurso pode ser o pediatra, o médico da família, um enfermeiro que forneça cuidado médico básico à família. Como vimos nas histórias deste livro, o processo de discutir abertamente um problema, com uma pessoa objetiva que não seja da família, pode esclarecer os problemas, sem que haja necessidade de uma terapia formal. Essa pessoa que desempenha um primeiro papel de auxílio pode também encaminhar os pais a um grupo de apoio de famílias na mesma situação, tal como a Parents Without Partners, associações de pais de criação ou grupo de pais adotivos.

Algumas famílias terão a sorte de encontrar um pediatra que possa oferecer-lhes o que denominamos "orientação antecipatória". Na preparação para uma mudança, como a adoção planejada pela família O'Connel-Beder e pelos Cutler, a chegada de um novo bebê numa família proveniente de dois casamentos ou a aproximação da adolescência numa família que tem apenas um dos progenitores, como a dos Cooper, é de imenso valor ter o máximo possível de informação e apoio. Um pediatra pode preparar uma família antecipadamente para as tensões de tais ajustamentos, informar-lhes o que eles devem esperar e mostrar-lhes que suas reações são normais. O pediatra pode prepará-los para as inevitáveis angústias. Ao fazê-lo, o médico também ajuda-os a perceber quando as reações deles fogem ao âmbito normal. Com preparação antecipada, uma família tem muito mais condições de lidar com uma mudança.

Se uma crise exigir recursos inacessíveis para a família, um médico atencioso pode participar da decisão de quando e a quem pedir uma ajuda mais intensa. As possibilidades de escolha de possíveis terapeutas incluem psiquiatras para crianças e para adultos (que possuem formação médica e psiquiátrica), psicólogos clínicos (que têm doutorado e praticam a psicoterapia) e assistentes sociais (cuja formação geralmente está a nível de mestrado — Mestre em Serviço Social, M. S. W., ou Certificado Inferior em Serviço Social, L. C. S. W. — e que se especializaram em serviço social psiquiátrico).

Para famílias que procuram ajuda numa crise ou problema que afetem mais de um membro da família, tais como os descritos neste livro, há também uma escolha entre a terapia individual, para o filho ou um dos pais, ou a terapia familiar. O conselho de um pediatra ou uma enfermeira, a própria percepção dos pais quanto ao problema, a preferência intuitiva a uma determinada forma de terapia, em grupo ou individual, também orientarão essa escolha.

A terapia familiar é uma área relativamente nova e em franco desenvolvimento. Um terapeuta familiar competente pode avaliar as forças e as fraquezas individuais de cada membro na medida em que elas interagem. Ele salientará os sucessos e as forças já existentes na família e, baseado nisso, lidará com a crise presente. Se o terapeuta parecer mais preocupado com os fracassos, eu recomendaria que se procurasse uma pessoa mais equilibrada.

A terapia individual para uma criança deve ser considerada quando ela estiver amedrontada ou retraída, quando fechar-se ao contato com os pais ou quando sintomas emocionais ou psicossomáticos interferirem em seu comportamento — na escola, com amigos ou com irmãos. Também pode servir de advertência o fato de uma criança não brincar ativamente ou obter menos prazer com a brincadeira. O grande analista infantil britânico D. W. Winnicott escreveu que "se uma criança está brincando, há espaço para um ou dois sintomas, e se uma criança é capaz de apreciar a brincadeira, sozinha e com outras crianças, não há nenhum problema muito sério"[1]. Outro sinal de que uma criança precisa de ajuda são as reações de outras crianças. Se elas invariavelmente a evitam, é porque percebem a perturbação da crian-

1. *The Child, the Family, and the Outside World*, Reading, Massachusetts, Addison-Wesley (1987).

ça. Ela, por sua vez, perceberá a rejeição, e isso poderá se transformar num círculo vicioso de isolamento.

A terapia pode ser um grande ensejo para toda a família relembrar realizações passadas, consolidar pontos fortes e organizar-se num nível de satisfação recíproca. A terapia ajuda a manter unida a família, e as repercussões da resolução de uma crise serão sentidas anos depois por pais e filhos. Nenhuma família permanece imóvel. Haverá mudanças, seja rumo à desorganização e ao estreitamento das opções, seja rumo ao crescimento e a uma solidariedade maior. Uma família corajosa e atenciosa como as deste livro fará o que for preciso para crescer e seguir em frente.

Bibliografia

O PAI DEDICADO, RIVALIDADE ENTRE O PAI E A MÃE

Bittman, S., e Zalk, S. *Expectant Fathers*. Nova York, Ballantine Books, 1981.

Brazelton, T. B. *Working and Caring*. Reading, Massachusets, Addison-Wesley, 1985.

Ehrensaft, D. *Parenting Together*. Nova York: Free Press, 1987.

Galinsky, E. *The Six Stages of Parenthood*. Reading, Massachusets., Addison-Wesley, 1987.

Greenberg, M. *The Birth of a Father*. Nova York: Crossroads/Continuum, 1985.

Lapinski, S., e Hinds, M. D. *In a Family Way*. Boston, Little, Brown, 1982.

Parke, R. *Fathers*. Cambridge, Massachusets., Harvard University Press, 1981.

Pruett, K. *The Nurturing Father*. Nova York, Warner Books, 1987.

Robinson, B. E., e Barrett, R. L. *The Developing Father*. Nova York: Guilford Press, 1986.

SER AVÔ

Carter, L. *Congratulations — You're Going to Be a Grandmother*! La Jolla, Califórnia, Oak Tree Press, 1980.

Kornhaber, A., and Woodward, K. L. *Grandparents/Grandchildren: The Vital Connection*. Garden City, Nova York, Doubleday, 1984.

Le Shan, E. *Grandparents: A Special Kind of Love*. Nova York, Macmillan, 1984.

A PERDA DO PAI OU DA MÃE

Furman, E. *A Child's Parent Dies*. New Haven, Yale University Press, 1974.

Grollman, E. *Explaining Death to Children*. Boston, Beacon Press, 1967.

Grollman, E. *Talking about Death*. Boston, Beacon Press, 1970.

Krementz, J. *How It Feels When a Parent Dies*. Nova York, Knopf, 1983.

Jewett, C. *Helping Children Cope with Separation and Loss*. Cambridge, Massachusets, Harvard Common Press, 1982.

Le Shan, E. *When a Parent is Very Sick*. Nova York, Atlantic Monthly Press, 1986.

SER PAI SOZINHO

Atlas, S. *The Parents Without Partners Handbook*. Filadélfia, Running Press, 1984.

Dodson, F. *How to Single Parent*. Nova York, Harper and Row, 1986.

Gathy, R. H., e Kouloch, D. *Single Father's Handbook*. Garden City, Nova York, Doubleday, 1979.

FAMÍLIAS ADOTIVAS

Berman,, C. *Making It as a Stepparent*. Garden City, Nova York, Doubleday, 1986.

Goldstein, S., e Solnit, A. J. *Divorce and Your Child*. New Haven, Yale University Press, 1985.

Lofas, J., e Jova, D. B. *Stepparenting*. Nova York, Kensington Publishing, 1985.
Rosen, M. *Stepfathering*. Nova York, Ballantine Books, 1987.
Wallerstein, J. S., e Kelly, J. B. *Surviving the Breakup*. Nova York, Basic Books, 1980.
Wallerstein, J. S., e Blakeslee, S. *Second Chances*. Nova York: Ticknor e Fields, 1989.

DOENÇA NA FAMÍLIA

Boston Children's Hospital. *The New Child Health Encyclopedia*. Nova York, Delacorte Press, 1987.
Jones, M. L. *Home Care for the Chronically Ill or Disabled Child*. Nova York, Harper and Row, 1985.

ESTERILIDADE

Glazer, E. S., e Cooper, S. L. *Without Child*. Lexington, Massachusets, Lexington Books, 1988.
Silber, S. *How to Get Pregnant*. Nova York, Warner Books, 1981.

ADOÇÃO

Gilman, L. *The Adoption Resource Book*, edição revista. Nova York, Harper and Row, 1987.
Horman, E. *After the Adoption*. Old Tappan, Nova York, Fleming H. Revell, 1987.
Lifton, B. J. *Lost and found*. Nova York, Harper and Row, 1988.
Plumer, J. E. *Successful Adoption*, edição revista. Nova York: Crown, 1987.

Impresso nas oficinas da
EDITORA PARMA LTDA.
Telefone: (011) 912-7822
Av. Antonio Bardella, 280
Guarulhos - São Paulo - Brasil
Com filmes fornecidos pelo editor